AF314787

FRANCISCO GOYA

595-76 — Corbeil. Typ. et stér. de Crété.

FRANCISCO GOYA.

PAUL LEFORT

FRANCISCO GOYA

ÉTUDE

BIOGRAPHIQUE ET CRITIQUE

SUIVIE

DE L'ESSAI D'UN CATALOGUE RAISONNÉ DE SON ŒUVRE

GRAVÉ ET LITHOGRAPHIÉ

PARIS

LIBRAIRIE RENOUARD

HENRI LOONES, SUCCESSEUR

6, RUE DE TOURNON, 6

—

1877

FRANCISCO GOYA

Comme l'amour, l'art a ses Don Juan, ses inassouvis du beau, race fiévreuse de chercheurs d'idéal, sans cesse éprise de singularités et de raffinements, toujours en quête d'une perfection nouvelle ou plus rare ou plus haute. Goya est de cette race. Son rêve à lui, c'est d'atteindre à l'expression même de la vie qu'il veut traduire et fixer sur la toile dans sa vérité la plus plastique et la plus relative, mais non sans choix et sans noblesse, ainsi qu'a su la traduire et la fixer Velazquez, son maître préféré et son désespérant modèle.

Génie tourmenté, et nécessairement inégal, coloriste-né, très-peintre, pittoresque parfois jusqu'à l'abus, Goya, par ses tendances, est essentiellement un moderne. Son style dans le portrait, ses habitudes de composition, son mode d'interprétation de la lumière, toutes ses pratiques enfin sont d'hier et de demain : tout en lui parle à nos jeunes artistes une langue qu'ils comprennent vite. Déjà même il a exercé sur quelques-uns, qui n'étaient pas les premiers venus, une indiscutable influence : peut-être que Goya sera pour l'école à venir comme un initiateur à Velazquez.

Il nous plaît, et nous l'avouons sans peine, de revenir aujourd’hui sur cette attrayante individualité, si piquante et si hardie, si complexe et si fantasque, nerveuse et prime-sautière comme pas une, ondoyante et diverse à désespérer l’analyse[1]. Observateur profond, créateur puissant, esprit sagace, doué au plus haut point du sens critique, débordant de verve, Goya dans sa peinture de genre, comme dans ses merveilleuses eaux-fortes, étonne et captive tout de suite par cette saveur d’imprévu, de bizarrerie et d’originalité qui le fera survivre à la mode et au temps ; toujours ses énigmatiques créations irriteront l’esprit comme d’inquiétants problèmes, toujours son étonnante exécution, impétueuse ou folle, délicate ou fière, gaie ici, sinistre là, mais vibrante partout et partout palpitante comme la vie, communiquera au spectateur quelque chose de l’émotion créatrice qui a agité l’artiste : devant une toile de Goya, même devant l’ébauche la plus sommaire, nul ne saurait garder son sang-froid.

Son entêtement, son énergique volonté, vertus ou vices de race ou de terroir, ont permis à Goya d’échapper aux piéges des lieux communs académiques, comme aux séductions faciles des rhétoriques apprises : trempé comme l’acier, il a su conserver jusqu’au bout de sa longue carrière toutes ses qualités géniales comme aussi tous ses défauts ; jusqu’à la fin il est demeuré lui-même : c’est essentiellement un tempérament. Enthousiaste de Velazquez, il le scrute, l’interroge, le cherche avidement, mais il ne le copie pas, du moins au sens servile du mot. Est-ce à dire que Goya a lui-même l’importance d’un chef d’école ? Non, il est une exception, un phénomène, peut-être un météore, brillant mais passager ; cela seulement encore suffirait bien à sa gloire.

Mais, avant de parcourir son œuvre, il importe que nous connaissions ce que fut l’artiste. Quelques notes biographiques sont ici nécessaires. Des dates certaines, relevées dans sa correspondance, quelques détails authentiques puisés

---

1. V. *Histoire des Peintres de toutes les écoles, Francisco José Goya y Lucientes*, par **M. Paul Lefort**. Paris, Vᵉ Renouard.

dans de consciencieux travaux, récemment parus en Espagne, nous permettront de serrer de plus près la vérité historique : trop d'erreurs, trop de légendes batailleuses ou
romanesques s'épanouissent déjà autour du nom de Goya ;
il est vrai qu'en une telle matière on ne prête guère qu'aux
riches [1].

Francisco Jose Goya y Lucientés est né dans un village de
la province d'Aragon, à Fuendetodos, le 30 mars 1746 [2]. Ses
parents étaient de modestes laboureurs. Jusqu'à l'âge de
quatorze ans, Goya vécut près d'eux.

Son frère aîné, Thomas, qui avait appris et qui exerçait
encore le métier de doreur, lui enseigna peut-être quelques
principes de barbouillage, car il est constant que Goya, à
peine adolescent, décora d'une fresque la chapelle des Reliques
de l'église paroissiale : hâtons-nous cependant d'ajouter que
cette décoration se bornait à reproduire en trompe-l'œil un
superbe rideau aux amples plis. Mais, audace plus grave,
Goya peignit, et à l'huile cette fois, sur les portes du
tabernacle, l'apparition de la *Vierge del Pilar*. A cinquante
ans de distance, le premier peintre du roi, visitant son bourg
natal, retrouva intacts ces premiers et timides essais ; or, son
impression, toute spontanée d'ailleurs, se traduisit par une
énergique déclaration en désaveu de paternité.

1. Sous le titre de : *Goya noticias biograficas*, Zaragoza, 1868, D. F. Zapater y Gomez a publié de nombreux extraits de la correspondance échan-
gée entre Goya et son ami d'enfance D. Martin Zapater ; ces lettres de Goya
s'étendent de 1775 à 1801.

2. Voici la traduction de l'acte de baptême de Goya, tel que nous le relevons dans la *Correspondance Zapater* : « Le 31 mars 1746, moi, vicaire
soussigné, j'ai baptisé un enfant, né la veille, fils légitime de Joseph Goya
et de Gracia Lucientés, légitimement mariés, habitants de cette paroisse et
résidents de Saragosse : il a reçu pour noms *Francisco Joseph Goya* ; sa
marraine a été Francisca Grasa, de cette paroisse ; je lui ai observé que la
parenté spirituelle, contractée par le baptême, lui imposait l'obligation d'enseigner à l'enfant, à défaut de ses parents, la doctrine chrétienne ; en foi
de quoi j'ai dressé le présent acte, signé par moi à Fuendetodos, mêmes
jour, mois et année que dessus.

    « Signé : *Licencié*, J^h XIMENO. »

Toujours est-il que les précoces dispositions de Goya parurent à sa famille suffisamment encourageantes pour qu'elle décidât de l'envoyer à Saragosse où il fut reçu comme élève par le peintre Lujan Martinez. Disciple du Napolitain Mastroleo, ami de Solimène, dont il rappelle la manière et les colorations légères. Lujan, peintre du roi, depuis le règne de Philippe V, *Revisor*, pour la peinture, de la sainte Inquisition, s'était acquis dans toute la province d'Aragon une certaine célébrité. Plein d'amour pour les choses de son art, Lujan avait établi et dirigeait lui-même à Saragosse une académie de dessin d'où sont sortis successivement : Beraton, Vallespin, le sculpteur Adan, l'orfévre Antonio Martinez et Francisco Bayeu de Subias que Raphaël Mengs devait bientôt prendre pour collaborateur et pousser rapidement aux plus brillantes dignités officielles. C'est donc à l'atelier de Lujan que s'est formé Goya, et Lujan ne dut pas être pour lui un maître tyrannique ou inintelligent, puisqu'il sut respecter dans son élève ses dons innés tout en modérant sa fougue déjà exubérante.

Goya passa cinq à six ans à l'atelier de Lujan, puis il partit pour Madrid où l'appelait son ami Bayeu chargé déjà par Mengs d'importants travaux de décoration au palais. Ce premier séjour à Madrid fut de courte durée ; obéissant peut-être aux conseils de Mengs, Goya résolut de visiter l'Italie. Il fit ce voyage à ses frais ; aussi, à son arrivée à Rome, ne se mêla-t-il point aux élèves que l'Espagne y entretenait.

Une fois en présence des chefs-d'œuvre des maîtres, Goya se créa pour les étudier une méthode bien personnelle : il ne copiait point, peignait peu, comparait plutôt, passant parfois des jours entiers devant un même tableau ; puis il sortait de là plus que jamais rebelle à toute tentative d'assimilation de style ou de manière, ne demandant d'autre profit à ses analyses tout intuitives qu'une connaissance approfondie des moyens d'exécution propres à chaque maître.

Nous ne mêlerons point à cette étude le récit déjà maintes

fois conté des aventures amoureuses qu'on a prêtées à Goya pendant son séjour à Rome. Ce n'est pas que les duels et les bonnes fortunes du bouillant Aragonais, à Rome comme à Madrid, ne puissent s'allier de tous points avec son humeur galante et son caractère aussi caustique que batailleur : nous n'avons garde de le méconnaître. Mais la part à faire à la tradition orale nous paraît ici trop considérable pour que nous n'éprouvions pas quelque scrupule à accepter un élément d'intérêt dont ces scabreuses et romanesques anecdotes fourniraient, sans profit pour notre but, l'amusante donnée.

Goya se rencontra à Rome avec David. Des affinités de jeunesse et d'esprit rapprochèrent un instant ces deux hommes à qui une destinée commune réservait la mort dans l'exil, à peu d'années d'intervalle. Si nous n'insistons pas sur cette liaison, c'est qu'elle semble avoir été rompue tout de suite après la séparation des deux artistes. Du moins, la correspondance de Goya est demeurée muette sur cette intéressante circonstance.

Une trace curieuse du passage de Goya en Italie qu'on trouve dans le *Mercure de France* de janvier 1772, c'est sa participation au concours ouvert à Parme, par l'Académie royale des beaux-arts, sur le sujet d'*Annibal vainqueur, qui, du haut des Alpes, jette ses premiers regards sur les campagnes d'Italie.* Goya n'obtint que le second prix. Ce résultat n'est pas pour nous surprendre, car le texte du jugement rendu atteste de quelles fières et libres allures Goya avait abordé le programme académique[1].

C'est dans ces indépendantes dispositions que Goya reprenait vers l'année 1774 le chemin de sa patrie. Quelque temps après son retour, il épousait, à Madrid, Josefa Bayeu, la sœur de son ami Francisco.

A cette époque, Raphaël Mengs, ce Messie d'une renais-

---

1. *Gazette des Beaux-Arts,* t. VII et XV. *François Goya, sa vie, ses dessins et ses eaux-fortes,* article par M. Valentin Carderera, avec des notes de M. Ph. Burty.

sance artistique qui se proposait d'unir « l'expression de Raphaël au clair-obscur du Corrége et à la couleur du Titien », exerçait à la cour de Charles III la charge de surintendant des Beaux-Arts. Sans contrôle, en maître absolu, il présidait à l'enseignement supérieur donné par l'Académie et surveillait les fabriques royales en même temps qu'il dirigeait l'ensemble des grands travaux exécutés dans les palais. Présenté à Mengs par son beau-frère, Goya fut immédiatement chargé de composer des cartons destinés à la manufacture royale de tapisseries de Santa Barbara.

Le 31 octobre 1776, Goya livrait son premier carton, *la Merienda*, le *Déjeuner sur l'herbe*, suivi à quelques mois de distance (mars 1777) d'une nouvelle composition, aussi gracieuse que la première, et désignée aux inventaires sous ce titre : *El Bayle*, la *Danse au bord du Manzanarès*. Successivement et à partir de l'année 1777 jusqu'en 1791, époque où Goya cessa de peindre pour Santa-Barbara, quarante nouveaux cartons environ, terminés par lui, servirent de modèle pour l'exécution de deux ou trois fois autant d'exemplaires de tapisseries de haute et basse lisse [1]. La plupart de ces tapisseries décorent les palais royaux : leur exécution n'est rien moins que parfaite et maintes fois l'ouvrier tisseur a trahi son modèle, soit en le modifiant de parti pris, soit en l'interprétant à sa guise. Quant aux cartons de Goya, qui furent retrouvés il y a peu d'années dans un magasin du palais, et soigneusement restaurés, ils forment à cette heure une précieuse collection d'une importance sans égale pour l'étude de tout cet intéressant côté de l'œuvre du maître.

Dans ces compositions, parmi lesquelles nous citerons les plus capitales : la *Dispute à la Venta Nueva* (1777) ; — une *Promenade en Andalousie* (1777) ; — l'*Aveugle jouant de la guitare* (1778) ; — la *Boutique de fripier* (1779) ; — la *Boutique de faïences* (1779) ; — le *Jeu de Paume* (1789) ; — la *Balan-*

---

1. *Los Tapices de Goya*, par D. G. Cruzada Villaamil. Madrid, 1870.

coure (1779) ; — les *Lavandières du Manzanarès* (1780) ; — les *Gardes du tabac* (1780) ; — la *Fleuriste* (1786) ; — la *Moisson* (1786) ; — la *Noce au village* (1787) et enfin le *Jeu de colin-maillard* (1791), l'esprit, la verve et la fécondité d'imagination de Goya se sont donné ample carrière. Véritables tableaux de genre, l'artiste s'y est surtout inspiré des mœurs populaires. Imprégnées au plus haut point de couleur locale, ces amusantes scènes, improvisées assez souvent, parfois aussi très-peintes, d'autres fois légèrement indiquées et un peu pâles de ton, sont en général traitées avec un merveilleux instinct de l'effet décoratif. Certes, le dessin de ces charmantes compositions n'est pas toujours correct, mais elles sont si mouvementées, si gaies, si pittoresques, qu'on pardonne aisément à l'artiste la hâtive et libre prestesse de son exécution.

Les cartons de Goya obtinrent le plus grand succès ; il leur dut l'origine de sa réputation ; c'est par eux aussi qu'il inaugura son rôle de peintre national.

Transportant dans ses tableaux de chevalet les thèmes qui lui avaient si bien réussi dans ses cartons, Goya produisit coup sur coup un nombre considérable de sujets empruntés aux coutumes et aux mœurs de son temps : courses de taureaux, processions, mascarades, rencontres galantes, drames de voleurs sur les grands chemins, types populaires ou pittoresques ; la fantaisie abonde et l'esprit foisonne dans ces spirituelles scènes où l'artiste prodigue un naturel exquis. A cette heure son coloris est délicat, pimpant, argentin, ou parfois encore très-monté de ton, chaud, largement, grassement empâté toujours très-harmonieux dans son parti pris ; Goya aime alors par-dessus tout les colorations gaies et claires ; plus tard, sous l'empire d'une autre manière, sa palette se rembrunira et il broiera beaucoup trop de noir. La vogue dont jouirent immédiatement ces tableaux de chevalet mit le sceau à la popularité de l'artiste ; à la ville, à la cour, il n'était bruit que de Goya. Son avenir était désormais assuré et déjà il pouvait écrire à son ami Zapater de Saragosse que, disposant d'une somme de cinq mille *pesos*, il désirait la placer *pour qu'elle fructifiât*.

Pendant l'année 1778, Goya offrit à Charles III, qui en fit l'acquisition pour la Chalcographie royale, la série des eaux-fortes qu'il avait entrepris de graver d'après les plus importants tableaux de Velazquez. Tracées d'une pointe ferme, serrant de près le dessin de Velazquez, ces eaux-fortes ont toute la sobriété de couleur de leurs modèles : elles sont d'un grand caractère. Une autre très-belle pièce, dont on trouvera la description sous le n° 248 de notre catalogue, date, croyons-nous, de cette même époque : la *Scène populaire* qu'elle représente offre, en effet, une frappante analogie dans sa composition et dans ses fonds avec le carton de l'*Aveugle jouant de la guitare*, terminé justement en 1778. Cette pièce est, comme dimensions, la plus importante de l'œuvre gravé. Ce n'étaient pas là d'ailleurs les premiers essais de Goya dans un art où il allait bientôt s'affirmer en maître ; quelques petits sujets rappelant la manière lumineuse et légère des eaux-fortes de Tiepolo avaient déjà paru.

En même temps que grandissaient son talent et sa réputation, Goya vit surgir autour de lui les envieux et les ennemis : ils sont, — a-t-on dit, — la consécration obligée de toute gloire naissante. Goya les connut donc de bonne heure et lui-même nous en fournit la preuve dans la curieuse lettre écrite à son ami Zapater, le 9 janvier 1779, à l'issue d'une audience où l'artiste avait été présenté à Charles III. « Si j'avais plus de temps, — écrit Goya, — je te conterais combien m'ont comblé le roi, le prince et la princesse (des Asturies) à qui j'ai pu, grâce à Dieu, montrer quatre de mes tableaux ; je leur ai baisé la main, faveur que je n'avais encore jamais obtenue, et je t'assure que je ne puis rien désirer de plus au sujet du plaisir que leur ont causé la vue de mes ouvrages, et cela je le dis d'après la satisfaction que m'ont témoignée le roi, et leurs Altesses. Et après, avec toute la grandesse !... mais, en vérité, ni moi ni mes tableaux nous ne méritions tout ce qui en a été dit. Maintenant, ami, pensons au solide et menons bien notre vie ; personne ne me fera sortir de là, surtout à cette heure que je commence d'avoir un bon nombre d'ennemis et des plus puissants. »

Peu de temps après cette audience, Goya, encore sous l'empire de l'excellent accueil qu'il avait reçu à la cour, sollicita la charge de *peintre de la Chambre*. Sa demande ne fut point agréée et l'artiste dut attendre sept années avant que d'obtenir cette fonction officielle tant désirée. Mais une compensation lui vint d'un autre côté. Le 7 mai 1780, l'Académie de San Fernando recevait Goya au nombre de ses membres.

Quelques mois après sa nomination à l'Académie, Goya était appelé à Saragosse pour concourir, sous la direction de son beau-frère Francisco Bayeu, à la décoration du sanctuaire de Notre-Dame del Pilar. Une coupole et ses pendentifs étaient échus en partage à Goya. Pour se conformer aux conditions expressément déterminées par le chapitre, l'artiste dut lui présenter des esquisses très-arrêtées de l'ensemble de sa décoration. Ses projets ne plurent qu'à demi. Le chapitre les renvoya au peintre en lui demandant de les modifier et de prendre auparavant les conseils de Bayeu. Très-irrité de cet échec, dont il imputa la cause à son beau-frère, Goya refusa d'abord d'accéder aux exigences imposées et, plus résolûment encore, de soumettre ses esquisses à l'homme qu'il regarda dès lors comme un ennemi acharné. La querelle s'envenimait ; d'utiles amitiés s'entremirent et obtinrent à la fin du fougueux artiste qu'il fît quelques concessions. Goya apporta donc au chapitre ses esquisses légèrement modifiées ; de son côté, celui-ci se tint pour suffisamment satisfait, et la paix se trouva signée.

En avril 1781, Goya commençait ses fresques qu'il terminait au mois de juin de la même année. Malgré la grandeur de la tâche, on voit que Goya mena très-vite cet important ouvrage dont le sujet principal, tenant toute la coupole, raconte le *Triomphe de la Vierge et des saints martyrs*. C'est une vaste machine, savamment conçue, bien agencée, et d'une correction qui ne laisse pas que d'étonner. Par ses qualités de colorations, on peut, sans trop d'injustice, la comparer avec les brillants plafonds que les Tiepolos ont peints au palais de Madrid. Mais, pour lumineuse, pour colorée qu'elle soit, cette grande page, qu'aucune inspiration religieuse, ou seulement émue, n'a dictée, qu'aucun souffle vraiment puissant ne parcourt et n'anime, nous semble froide et, disons toute notre pensée, un peu sage et banale. L'esprit et l'habileté de l'artiste n'y suppléent point assez à l'invention, à l'inspiration, à la foi absentes : en somme, cette fresque est un morceau suffisamment décoratif, mais rien de plus.

Du reste, le talent de Goya devait s'éprendre de préférence du réel, du vrai : les abstractions mythologiques ou religieuses n'étaient point son fait. Lors donc qu'il aura de nouveau à remplir quelque thème mystique imposé ou quelque sujet de haut style, Goya, qui certainement eut conscience de la faiblesse de sa composition à Notre-Dame del Pilar, cherchera sa voie là où les Vénitiens ont trouvé leur gloire, dans la pompe et le pittoresque de la mise en scène, ou encore, comme Rembrandt, dans la magie, dans la puissance de l'effet. S'autorisant des anachronismes de Véronèse, et sûr d'avance d'être vaincu s'il entreprend la lutte avec l'idéal ou le sentiment religieux, Goya saura du moins échapper à la banalité, aux lieux communs du faux grand style, en ramenant hardiment son sujet du ciel sur la terre et en l'entourant de parti pris de toutes les circonstances de la vie réelle. C'est à la sincérité de la coloration et de la vérité locales, c'est à l'intensité ou à l'harmonie du coloris, c'est au caractère, à la modernité, au pittoresque des types qu'il aura recours pour rajeunir et revivifier, jusqu'à nous surprendre, des thèmes rebattus et des formules vieillies. Si le respect de la tradition ou des conventions apprises font désormais complétement défaut à Goya, c'est que son génie juvénile, audacieux, chercheur, a bien trop soif de l'imprévu et de l'originalité *quand même* pour ne pas rejeter avec dédain tout ce qui ressemble, dans le domaine de son art, à des idées fatiguées ou à des réminiscences ; suffisamment riche de son propre fond, il ne veut rien devoir à autrui.

Mais, s'il y a stricte justice à ne pas faire un mérite à Goya de sa flagrante impuissance au grand art, celui-là cependant appellerait bien quelque indulgence qui, tout coupable qu'il soit d'avoir rapetissé l'histoire jusqu'aux proportions de l'anecdote ou de l'épisode, et ramené la composition de haut style aux familiarités du genre, a eu pleine conscience de son infériorité, mais l'a préférée encore aux ridicules avortements et aux viduités des écoles épuisées. L'art officiel de son temps, l'art tel que le comprenaient les Bayeu, les Maella, les Calleja, les Ferro et tant d'autres de ses rivaux, n'était pas pour décourager Goya de ses tendances naturalistes et de son amour de la couleur.

Une nouvelle œuvre devait cependant remettre bientôt Goya aux prises avec les exigences sévères de la peinture religieuse. En l'année 1781, Charles III achevait de faire reconstruire, à Madrid, l'église de San Francisco el Grande. Toute la pléiade des peintres, collaborateurs ou élèves de Mengs, avait été appelée en même temps que Goya à une sorte de concours pour la décoration de chacune des chapelles. Venant à la suite de ses démêlés récents à Saragosse avec son beau-frère, alors premier peintre en titre, Goya vit dans ce concours une occasion de lutte où il devait mettre en jeu tout ce qu'il avait de talent et d'amour-propre. Pendant plus de trois ans, il lui fallut attendre dans la fièvre le jugement du public. Enfin, en décembre 1784, le roi, entouré de toute la cour, fit solennellement l'inauguration de San Francisco, et les peintures, découvertes pour la première fois, montrèrent aux envieux que Goya était un maître. La grandesse, le public, tout Madrid lui fut absolument conquis. Du coup, la forte originalité de l'artiste s'affirmait et s'imposait.

Non, cependant, qu'il faille se laisser aller à partager l'espèce d'engouement dont le tableau de Goya fut l'objet : il s'en faut que le *Saint Bernardin de Sienne prêchant devant le roi Alphonse d'Aragon* soit un chef-d'œuvre, car l'arrangement en est assez vulgaire, et le coloris, quoique puissant, n'en pèche pas moins çà et là par d'étranges dissonnances. C'est surtout par comparaison avec la débilité et la fadeur des productions de ses rivaux que Goya emporta son facile triomphe, ce dont nous ne saurions lui tenir aussi grand compte. Combien nous préférons, du reste, à cette composition mal pondérée et quelque peu théâtrale, le beau *Christ en croix* que peignit Goya pour cette même église de San Francisco. Ce *Christ* est peut-être la meilleure étude de nu, après le *Crucifié* de Velazquez, qu'ait peinte un maître espagnol, et elle restera certainement la meilleure œuvre de style de Goya. Tout, dans ce superbe morceau, est de même valeur : le dessin très-pur et d'une distinction toute particulière, le modelé ferme et fin, le coloris très-lumineux, blond et chaud, s'accordent dans une rare perfection ; enfin, circonstance unique dans l'œuvre de l'artiste, le sentiment religieux y existe saisissant, profond, pénétrant jusqu'à l'intensité même.

Le succès des ouvrages de San Francisco valut à Goya sa désignation, en l'année 1785, à la place de *Teniente-Director* de l'Académie. Ce n'était là encore qu'une distinction, mais les haines que son intraitable amour-propre, ses railleries et ses mordantes critiques amassaient autour de lui ne purent parvenir à empêcher plus longtemps sa nomination comme *peintre du Roi :* le 29 juin 1786, Goya était enfin appelé à cette charge.

Les aptitudes de Goya, son grand goût de naturalisme, ses qualités si éminentes de peintre et d'observateur devaient merveilleusement le servir dans la peinture des portraits. Là, en effet, était sa véritable voie ; aussi ses premiers essais dans ce genre furent-ils salués par un complet triomphe. A la cour, et parmi la grandesse, ce fut tout de suite une mode, une fureur de se faire peindre par Goya. Les personnages politiques, les poëtes, les savants, les grandes dames, les comédiennes, toutes les célébrités de l'époque obéirent à cette mode, qui persista du reste pendant toute la vie de l'artiste.

Il y a dans les portraits de Goya quelque chose de Velazquez, de Prud'hon, de Reynolds, de Greuze, mais amalgamé, absorbé et comme fondu dans une originalité qui, somme toute, se dégage nettement et domine.

Les uns, comme les portraits de l'*Infant Don Luis et de sa famille* (1783), — du *Comte de Florida Blanca* (1783), où l'artiste s'est représenté à côté du puissant premier ministre, — du *Duc d'Albe* (1799), — du *Général Urrutia*, un chef-d'œuvre (1798), — comme les beaux portraits d'apparat du musée de Madrid, la *Famille de Charles IV* (1800), comme encore les portraits équestres de *Marie-Louise* et du *Roi*, — semblent être inspirés par la magistrale tournure et la sobriété de coloration des portraits de Velazquez. D'autres, moins fastueux, mais plus spontanés, plus savoureux, rappellent tantôt le lumineux coloris des aimables Vénitiens du xviiie siècle, tantôt les teintes les plus gaies et les plus spirituelles de notre école française. Parfois, Goya mêle heureusement Tiepolo à Fragonard, parfois encore Greuze à Reynolds. Tel cet intéressant *Jeune Homme en habit gris* qu'on a revu à l'exposition des Alsaciens-Lorrains, après avoir passé par la collection Salamanca, portrait du petit-fils de l'artiste que M. Paul Mantz a si bien décrit et caractérisé dans la *Gazette des Beaux-Arts;* tels encore les portraits de *Moratin*, de *Villanueva*, de *Bayeu* et de *Goya* lui-même, vivants chefs-d'œuvre qui sont à l'Académie de San Fernando ; tel, enfin. le portrait du conventionnel *Ferdinand Guillemardet*, ambassadeur de France à Madrid, en 1798, qui appartient à notre musée du Louvre.

A propos de ce curieux ouvrage, où Goya résout si heureusement le difficile problème d'harmoniser les tons de nos

couleurs nationales sans nuire aux valeurs des autres parties
de son tableau, on relira avec intérêt l'appréciation, déjà
vieille de dix ans, d'un homme qui a laissé un nom dans
la critique d'art, M. Léon Lagrange. En 1865, il adressait
à la *Gazette* les lignes suivantes :

« On vient de placer au Louvre un portrait de Goya, don
récent de la famille Guillemardet. Il représente Ferdinand
Guillemardet, ambassadeur de France à Madrid, sous le Di-
rectoire. C'est l'œuvre d'un coloriste de tempérament qui
voyait les tons de la nature dans leur richesse et qui savait
les peindre dans leur rapport. Jamais un peintre français n'a
si bien mis d'accord les trois couleurs nationales. Goya jette
le chapeau aux plumes tricolores sur une table jaune, tout
contre l'écharpe tricolore du personnage assis sur une chaise
jaune et entièrement vêtu de bleu. Eh bien ! ces tons dispa-
rates se confondent en un concerto brillant qui sonne dou-
cement à l'œil; on oublie que la tête, trop reflétée, prend
l'aspect d'un vitrail rougeâtre, et l'on se laisse aller au plaisir
de voir vivre cette couleur, de même que l'on se plaît à
suivre à travers une eau transparente les jeux capricieux de
la lumière. »

Il nous faut dire encore quelle variété infinie de manières,
quelle étonnante souplesse de talent Goya apporte particulièrement à peindre les portraits de femme. Naturel exquis,
largeur d'exécution, franchise dans l'effet, intensité dans la
vie, grâce et fraîcheur dans les carnations, toutes ces qualités se rencontrent dans les élégants portraits de la *Duchesse
d'Albe*, de *Doña Gurmesinda Goicoechea*, la femme du petit-
fils de Goya, de l'actrice la *Tirana* et, surtout, dans ces deux
piquantes toiles de l'Académie de San Fernando, connues
sous le titre de la *Maja*, deux épreuves, avec et sans voiles,
d'un même et tout à fait séduisant original.

Peut-être que Goya a peint durant sa longue carrière plus
de deux cents portraits ; mais, même parmi ses plus fou-
gueuses improvisations, pas une qui ne rachète le laisser-

aller de l'exécution par quelques-uns des dons innés chez le maître ; pour rapide, pour hâtive que soit son ébauche, et Goya s'est souvent permis en cela de véritables tours de force, toujours elle respire, toujours elle palpite de vie et d'esprit.

La peinture des portraits servit Goya dans ses ambitions officielles : elle lui valut des protecteurs illustres. L'infant Don Luis, frère de Charles III, exilé de la cour à cause de son mariage, appela l'artiste à son palais d'Arenas de San Pedro, dans la province d'Avila, et l'y retint durant des saisons entières. Puis, c'est le duc et plus particulièrement la duchesse d'Albe dont Goya devient l'hôte et l'ami ; et c'est enfin l'illustre famille des Benavente, ducs d'Ossuna et de Gandia. Cette puissante maison lui commande successivement deux importantes compositions pour l'une des chapelles de la cathédrale de Valence : le *Saint François de Borja, faisant ses adieux à sa famille*, et *Saint François adjurant un moribond*, — exécutées vers 1787, — des portraits d'apparat de la duchesse de Benavente, du duc d'Ossuna, et enfin cette merveilleuse série de vingt-sept sujets de genre, — dont les dates d'exécution s'échelonnent de 1787 à 1798, — qui alla décorer l'*Alameda*, sise aux environs de Madrid, vers 1814. C'est principalement dans cette série, de même que dans les tableaux de petite dimension appartenant à l'Académie de San-Fernando, ainsi que dans quelques œuvres éparpillées un peu partout, comme dans ces *Majas au balcon*, de la collection de feu l'infant Don Sébastien, tableau exquis, qu'il nous faut étudier tout un côté, et non le moins attrayant, du talent de Goya. Des sujets anecdotiques ou familiers, placés le plus souvent dans des paysages délicieux, des scènes de mœurs, des motifs pittoresques, forment la plus large part de ces amusantes compositions.

A l'Alameda, comme ailleurs, il y a un choix à faire ; aussi nous bornerons-nous à ne citer que les morceaux les plus marquants pour ne pas rendre interminable l'énumération de tant de merveilles. Notons avant tout : un *Déjeuner sur l'herbe*, une *Marchande de fleurs*, la *Moisson*, compositions d'une grande saveur et d'un effet ravissant; le *Retour du marché*, très-bel effet de neige; *Un accident comique dans une partie de campagne*, spirituelle idylle à la Fragonard; des *Gitanos jouant sur une escarpolette*, l'*Attaque d'une berline par des brigands*, les *Taureaux avant la course*, trois tableaux d'une coloration admirable, et encore : les *Saisons*, le *Mât de cocagne*, la *Procession au village*, la *Chapelle de San Isidro le jour de la fête du saint*, et l'*Apparition du Commandeur*, œuvres piquantes et d'une magie de couleur qui surprend même au milieu de tant d'autres morceaux hors ligne. Notons enfin ces scènes fantastiques et bizarres, indéchiffrables *Caprices*, où Goya évoque et mêle, dans sa verve endiablée, des sorcières en quête de quelque sabbat, des démons cornus, des boucs ou des ânes énormes avec des jésuites et des inquisiteurs [1].

Mais la plus étonnante et la plus importante toile de cette collection est une composition connue sous le titre de la *Romeria de San Isidro*. Nous empruntons à des notes personnelles publiées dans l'*Histoire des Peintres* la description de la *Romeria :* « C'est la grande fête patronale madrilène. Toute la population est venue s'ébattre au long du Manzanarès, et la vaste prairie qui, du coteau où s'élève l'ermitage du saint, s'étend jusqu'au bord de l'eau, est couverte d'une foule immense, bigarrée, diaprée, s'empressant, s'agitant autour des baraques de bateleurs, des boutiques de marchands, des cuisines improvisées et des cabarets en plein air. Tout ce monde pittoresque se divise en mille groupes variés : ici l'on fait cercle autour d'un racleur de guitare; là-bas s'ébauche une ronde; on se querelle, on danse, on boit, on se réunit, on se sépare, et, au milieu de toute cette multitude fourmillante, on voit courir des pages, des cavaliers, des suisses, des gardes du corps en habit rouge, dans une in-

---

1. Les tableaux de l'*Alameda* ont été photographiés par M. Laurent, de Madrid, et font partie de ses albums photographiques.

descriptible mêlée de carrosses aux attelages empanachés et de *calesinos* aux caisses peintes de couleurs féroces, que bouleversent, en s'enfuyant, des mules rétives. Sur le premier plan, dominant toute la fête, de belles dames abritées sous des parasols de soie rose, des personnages vêtus de costumes chatoyants, groupés dans des poses pleines d'abandon et de désinvolture, forment à la scène qui se déroule sous leurs pieds le cadre le plus ingénieux et le plus charmant. Au fond du tableau, par delà le Manzanarès, on voit le palais avec ses jardins étagés en terrasses, et la ville avec ses tours et ses dômes. Voici San Francisco el Grande, la Cuesta de la Vega, et là-bas le fameux Barrio de Lavapiés. »

« Traitée dans une gamme lumineuse et chaude, émaillée de tons fins et très-montés, cette page pétillante reste hors ligne par le soin infini que Goya apporta à en varier et à en préciser avec une étonnante justesse les multiples et plus petits détails. »

Goya était enfin nommé *pintor del Rey*, le 29 juin 1786, avec quinze mille réaux d'appointements. Aussitôt l'heureux artiste annonce cette bonne nouvelle à son ami Zapater par une lettre où déborde ce ton d'ironique bonhomie qui est le propre de sa tournure d'esprit. Après s'être étendu plaisamment sur le récit d'une récente culbute de voiture dont il ne s'est tiré qu'avec une forte foulure à la jambe, — Goya essayait ce jour-là, pour faire honneur à sa nouvelle fortune, un diable de cheval *gitano*, attelé à un bijou de *birlocho*, manière de cabriolet à deux roues, haut perché, verni, doré, pimpant au possible « *et comme on n'en comptait encore pas plus de trois dans Madrid* », — l'artiste termine son amusante épître par quelques réflexions qui sont autant de traits de caractère.

« Je m'étais pourtant arrangé, — écrit-il à son ami en maudissant la malencontreuse foulure qui l'empêche de peindre, — je m'étais pourtant arrangé un train de vie vraiment bien entendu. Je ne faisais antichambre nulle part et

pour personne au monde. Quiconque avait à faire de moi
me devait chercher, et, au cas qu'on me joignît, j'agissais de
façon à me laisser toujours prier un peu. Je n'avais garde
non plus d'accepter d'emblée aucune commande, sauf lorsqu'il s'en allait de plaire à quelque personnage de marque
ou que je croyais devoir me rendre à la pressante sollicita-
tion d'un ami. Eh bien, plus je m'appliquais à me faire in-
abordable, plus on me recherchait (et chaque jour cela ne
fait que croître et embellir) ; aussi, suis-je débordé à ce point
que je ne sais à cette heure où donner de la tête, et surtout
comment satisfaire à tant d'engagements acceptés. » (Lettre
du 1er août 1786.)

Goya est tout entier dans ces lignes : indépendant, fier
avec une pointe de sauvagerie, et malgré cela d'une habileté
qui va parfois jusqu'à friser le savoir-faire : au demeurant, il
est pleinement conscient de sa valeur et il ne craint pas d'en
manifester naïvement l'aplomb. Ce qu'il conte, au surplus, à
son ami Zapater des obsessions dont il est l'objet est l'exacte
vérité : on le persécute, on assiége sa porte, on prend à
l'assaut son atelier, et pour obtenir de lui un tableau, un
portrait, il n'est sorte de moyen d'influence ou de succès
qu'on ne mette en œuvre. Goya était alors véritablement
devenu l'enfant gâté du public. Et on le vit bien tout de
suite après la mort de Charles III. Dès son avénement,
Charles IV appelait Goya à la charge enviée de *peintre de la
Chambre*, qui donnait à l'artiste un rang à la cour et ses
grandes entrées au palais ; le 30 avril 1789, il allait prêter
serment, dans sa nouvelle qualité, à la résidence d'Aranjuez.

Contrainte, pendant la fin du règne du sévère et dévot
Charles III, de garder dans ses mœurs des dehors de vertu et
d'apparente austérité, la nouvelle cour jettera bien vite le
masque d'hypocrisie qui lui pèse. Avec la reine Maria Luisa, et
grâce à l'épaisse débonnaireté de Charles IV, qui passe sa vie
à chasser et ne soupçonne rien des désordres de son entou-
rage, la licence, le scandale et les plaisirs effrénés vont s'é-

taler désormais au grand jour. L'époque de la haute et
subite faveur de Manuel Godoy commence.

Dans ce nouveau milieu d'intrigues politiques et galantes,
Goya fut bientôt à l'aise. Ces élégantes corruptions ne sont
pas pour l'effaroucher ; son fin regard d'observateur y trouve
trop bien son compte. Il a conçu la pensée de ses *Caprices* et
déjà les nobles modèles, les brillants acteurs posent devant
l'artiste. Pour lui, les temps de lutte et d'épreuves ont cessé
et fait place au triomphe. Redouté des courtisans pour la
causticité de ses propos, presque fameux par quelques aventures scandaleuses, batailleur et brave à ne reculer devant
aucun défi, chéri du roi qui le comble de gâteries, choyé
par la reine qui aime ses vertes réparties, caressé par le
puissant favori qui, tranchant du Mécène, l'accable de com-
mandes, Goya domine alors de toute son originalité les mé-
diocrités jalouses qui ont vainement tenté de lui faire obs-
tacle.

Dans le monde, l'homme a, du reste, autant de succès que
l'artiste. Familier des salons des duchesses d'Albe et de Benavente qui disputaient à Maria Luisa le sceptre de la mode
et des plaisirs, Goya s'intéresse à leurs rivalités et épouse
leurs querelles. Il prend d'abord parti pour l'une, puis revient
à l'autre, et finalement se fait le champion avoué de la belle
duchesse d'Albe, alors en lutte ouverte avec la reine elle-
même. L'artiste, dont la verve mordante n'épargne déjà plus
personne, crible de ses sarcasmes les ennemis de sa chère duchesse jusqu'au jour où, sur l'ordre de Maria Luisa offensée,
elle, exilée de la cour, et lui, en congé de santé obtenu pour
deux mois, durent prendre la route de l'Andalousie et de
San Lucar de Barrameda où la duchesse possédait un palais [1].

1. L'ordre royal accordant le congé à l'artiste pour raison de santé est
daté de janvier 1793. Au retour de ce voyage, Goya, légèrement atteint de
surdité dès sa jeunesse, était devenu complétement sourd. A partir de
cette époque, ses amis ne purent guère plus converser avec lui que par
signes.

C'est au retour de ce charmant exil à Cythère qui se prolongea, on n'aura pas de peine à le croire, bien au delà des deux mois régulièrement accordés par l'ordre royal, que Goya peignit ses plus beaux portraits de la duchesse et fit paraître les premières planches de ses *Caprices*.

Il y avait bien trois ou quatre années que Goya préparait ces soixante-dix-neuf compositions, gravées à l'eau-forte et relevées ou repiquées d'aqua-tinte, où il se révèle sous un aspect si profondément original. Avant 1796, quelques pièces s'étaient égarées déjà dans les mains de spirituels amis et de connaisseurs émérites, et elles avaient, dans ce cercle étroit, mais indiscret, obtenu un retentissement, un succès de scandale où les audaces du moraliste et du penseur, où les mordantes railleries du caricaturiste avaient sans doute autant, sinon même plus de part que le talent du graveur. C'est que Goya dans ces compositions, sans précédent dans l'école, comme dans l'histoire de l'art, s'en prend à tout et à tous. A côté de scènes de mœurs ironiquement interprétées, d'allusions railleuses à des superstitions populaires, à côté de rêves étranges ou de visions fatidiques de l'avenir, d'amères critiques de l'aristocratie, des ministres et de toutes les institutions sociales, des attaques d'une profondeur et d'une âpreté inouïes contre la royauté, la religion et ses dogmes, d'impitoyables satires contre l'Inquisition et principalement contre les ordres monastiques, remplissen cette œuvre singulière à tant de titres et toujours de la plus audacieuse portée sous son apparente fantaisie.

Ce ne fut guère que de 1796 à 1797 que les *Caprices*, réunis en série, affrontèrent les dangereux écueils d'une publicité régulière. Un moment l'Inquisition s'en préoccupa sérieusement, mais Goya para habilement le coup en offrant ses planches gravées au roi qui, à l'instigation du prince de la Paix, les acquit sur-le-champ pour la Chalcographie royale en même temps qu'un assez grand nombre d'épreuves tirées par l'artiste lui-même (1803.

Nous avons indiqué, dans notre *Essai de Catalogue*, quelles interprétations il convenait de donner aux sujets traités dans les *Caprices;* nous n'avons donc pas à y revenir, mais l'œuvre du graveur vaut qu'on y insiste et mérite plus de critique.

Goya est le premier artiste espagnol qui se soit avisé de se servir de l'aqua-tinte : il dut, pour se rendre maître de ce procédé assez ingrat, tâtonner quelque peu, et il l'étudia, croyons-nous, dans les productions de nos graveurs de la fin du xviiie siècle, plus particulièrement dans quelques petites pièces de Debucourt. Mais il ne faudrait pas conclure de ce rapprochement qu'il existe entre Goya et nos aimables petits maîtres une analogie autre que celle du procédé matériel; Goya ne doit qu'à lui-même cette haute saveur de terroir, cette originalité et cette profondeur dans l'effet qui font que les *Caprices* ne ressemblent à rien de connu.

C'est en peintre et en coloriste que Goya a compris l'eau-forte. Rien de plus franc, de plus libre et, en apparence, de plus spontané que sa manière. Sa pointe facile et légère accuse d'abord le trait qui donne le relief, le modelé, la vigueur, à ses groupes et en détache les personnages ; puis vient l'aqua-tinte, la couleur, parfois on ne peut plus habilement étendue, parfois aussi naïvement inexpériente, qui couvre les fonds, donne la localité, la profondeur, la lumière, et fixe vigoureusement l'effet. Ce qu'il faut admirer surtout dans ces planches, c'est la science du clair-obscur, c'est l'intelligente dégradation des teintes et, plus encore, cette sobriété d'artifices, cette entente du sacrifice qui font, de parti pris, négliger à l'artiste les détails secondaires, l'accessoire, le fonds même, pour que l'effet cherché acquière justement toute son intensité, toute sa valeur. Sous son dessin nerveux, plein d'accent et toujours pittoresque, tout vibre et se mouvemente. Quelques égratignures de pointe, une tache noire, une lumière obtenue d'un blanc spirituellement réservé, et c'en est assez pour que ses figures s'accusent, pour que ses

physionomies, ses types, vivent et se gravent puissamment
dans la mémoire.

En tant que graveur, Goya n'a cependant pas dit son dernier mot dans les *Caprices;* nous avons pris soin dans notre
Essai de Catalogue d'indiquer spécialement quelques pièces
détachées, par exemple : le *Supplicié*, les *Prisonniers* et le
Colosse, — traitées soit à l'eau-forte pure, soit à l'eau-forte
mêlée d'aqua-tinte, — ainsi que quelques planches des *Malheurs de la guerre*, comme des morceaux dignes d'être com-
parés avec ce que Rembrandt lui-même a créé de plus coloré,
de plus mystérieux et de plus pénétrant. Certes, Goya n'est
pas Rembrandt, mais il mérite une place, — et la première,
— à côté du grand Hollandais.

L'année 1798 fut marquée pour Goya par un ouvrage considérable et qui est resté dans son œuvre décorative une
page hors ligne en même temps que sa création la plus personnelle. Le roi l'avait chargé de décorer à fresque la gracieuse petite chapelle de San-Antonio de la Florida, nouvel-
lement achevée. Il y avait à peindre une vaste coupole,
plusieurs petites voûtes, des tympans, des arcs. En trois mois,
Goya exécuta tout cet ensemble. Le sujet choisi était celui-
ci : *Saint Antoine de Padoue ressuscitant un mort pour lui faire
révéler le nom de son meurtrier*. Le saint est debout sur une
hauteur. Il a évoqué le mort, dressé devant lui et qui déjà
joint les mains et va parler. A droite et à gauche de ce groupe
principal, dominant nettement la composition et s'imposant
bien au regard, la foule, une foule pittoresque et attentive,
fourmille et s'agite dans les attitudes les plus diversement
contrastées. Autour de la coupole, Goya a imaginé de figurer
un balcon sur lequel s'appuient des assistants et qu'enjam-
bent audacieusement deux enfants. Toute cette dramatique
scène est très-réussie : les colorations en sont claires, largement et sobrement comprises et du plus harmonieux effet
décoratif. Rompant, cette fois, absolument avec les traditions
de l'art académique, Goya n'a obéi dans cette création qu'à

son seul goût de naturalisme. Loin même de se préoccuper dans ses costumes, ou dans le choix de ses types, de la vérité locale ou historique, il s'est au contraire complu à moderniser ses personnages. Ses femmes sont de glorieuses *manolas*, voilées de la mantille blanche ou noire ; ses hommes, des gens du peuple, des passants, les premiers venus, audacieusement mêlés de quelques pimpants *majos* fièrement drapés dans leurs *mantas* aux couleurs bigarrées.

Dans les retombées des voûtes, il peignit des chérubins, de sveltes archanges, soulevant ou retenant des draperies, et il dota ces célestes créatures de charmes féminins et de grâces charnelles qui rappellent peut-être un peu trop les séductions de la terre. Une tradition constante, mais évidemment absurde, veut même que l'artiste ait pris ses plus beaux modèles parmi les dames de la cour, ce dont Charles IV se serait montré fort offusqué le jour où Goya découvrit ses fresques. Mais, loin qu'il en ait été ainsi et que les hardiesses de naturalisme de Goya lui aient nui dans la faveur royale, il était nommé, le 31 octobre 1799, premier peintre du roi, avec cinquante mille réaux de traitement et la promesse d'un logement gratuit aussitôt après la mort de Maella, son collègue. Goya avait alors cinquante-trois ans ; l'âge n'avait point altéré cette vigoureuse organisation, car une transformation va se produire encore dans son talent. Étudier la lumière et le clair-obscur, comme Rembrandt les a compris ; chercher à en rendre, mais avec son indépendance et son originalité habituelles, toutes les manifestations, tel est le nouveau problème que Goya poursuivra désormais.

La *Trahison de Judas*, de la cathédrale de Tolède, page magistrale où le clair-obscur est porté à sa dernière puissance, et la *Communion de saint Joseph Calasanz*, des *Escuelas pias*, à Madrid (1), sont, avec quelques-unes des peintures

(1) Une robuste ébauche de la *Communion* figurait à l'exposition des Alsaciens-Lorrains ; elle appartient à M. Paul de Saint-Victor.

très-librement traitées dont il décora les murs de sa maison des bords du Manzanarès, de sa *quinta*, les éclatants témoignages de cette dernière évolution d'un génie fait surtout de volonté, d'appétit de savoir, et d'audace à tout oser. « A Tolède, — dit Théophile Gautier, — dans une des salles capitulaires, nous avons vu un tableau de Goya représentant Jésus livré par Judas, effet de nuit que n'eût pas désavoué Rembrandt, à qui je l'eusse attribué d'abord, si un chanoine ne m'eût fait voir la signature du peintre émérite de Charles IV. »

Cette même recherche des larges effets rembranesques se retrouve dans les plus belles eaux-fortes de l'artiste. Toutes les suites qu'il entreprit vers ce même temps, comme la *Tauromachie*, les *Malheurs de la guerre* et les *Proverbes*, comme les *Prisonniers*, le *Colosse* et les *Paysages fantastiques* attestent évidemment une longue étude des magiques chefs-d'œuvre du grand maître de l'eau-forte.

Nous touchons à l'époque tourmentée qui s'étend de 1803 à 1814, de la révolte du palais d'Aranjuez jusqu'au retour en Espagne de Ferdinand VII ; on sait quelles ignominieuses intrigues amenèrent l'abdication de Charles IV, par quel enchaînement de circonstances, Napoléon envahit l'Espagne, plaça son frère Joseph sur le trône des Bourbons, et à la suite de quelles luttes sanglantes et prolongées celui-ci en fut renversé.

Retiré dans sa *quinta*, presque isolé par sa surdité, et tout entier adonné à ses travaux artistiques, Goya ne joua aucun rôle actif dans les douloureux événements qui bouleversaient sa malheureuse patrie. Était-il, comme on l'a prétendu, un *afrancesado*, un partisan de l'invasion française et du roi *intrus*? De ce qu'il s'était efforcé, comme tant d'autres de ses illustres amis, comme Jovellanos, comme Olavide, comme Moratin, de propager en Espagne les généreuses idées de justice, d'égalité et d'affranchissement que la France de 89 et son école philosophique du xviiie siècle avaient semées dans toute l'Europe, en faut-il conclure que ses sympathies étaient nécessairement acquises aux coupables auteurs d'une guerre injuste? Les *Malheurs de la guerre*, ces lamentables commentaires de la guerre d'invasion où se déroulent les exécutions sommaires, les vengeances féroces, les incendies, les pillages, les viols, la disette et la peste, témoigneraient hautement, au besoin, contre cette prétendue absence de patriotisme. Mais, au-dessus de ce patriotisme d'ailleurs très-légitime et qui ne saurait être méconnu, un sentiment plus élevé et bien profondément humain se dégage nettement de ces sinistres pages. Ce que hait Goya, et plus que la guerre, c'est l'iniquité, c'est l'arbitraire, et c'est par-dessus tout la tyrannie et les ambitions qui déchaînent ces horribles maux et les ordonnent. Rien de plus éloquent que cette vengeresse et terrible protestation de l'artiste n'a été formulé contre l'esprit de conquêtes et contre les luttes fratricides de peuple à peuple.

Vers 1814, à l'époque du retour de Ferdinand VII, Goya ajouta aux *Malheurs de la guerre* dix-sept nouvelles planches, les plus audacieuses entre toutes et les plus étranges. Elles sont comme le testament politique et philosophique du vieux libéral, du hardi libre penseur ; c'est son dernier et suprême combat qu'il livre pour tout ce qu'il a aimé, contre tout ce qu'il a si vigoureusement haï. Quelles colères, quelles ironies contre l'intrigue, contre l'obscurantisme et l'hypocrisie qui étouffent le progrès, enchaînent la liberté et compriment l'expansion de la pensée humaine ! Quels déchaînements contre les fourbes, les rois, les prêtres, les magnats, qui conspirent et s'acharnent à détruire la vérité et la justice !

Tour à tour ces étonnantes créations éclatent en navrants désespoirs ou en délirants enthousiasmes : ici, l'hypocrisie a vaincu et elle a réussi, dans ses souterraines manœuvres, à confisquer le cher bien des peuples ! « *Contra el bien general!* » Plus loin, la Vérité agonise, — « *Murio la verdad* », — déchirée par une tourbe furieuse ; mais elle ressuscitera !

— « *Si resusitara!* » Et, cette fois, Goya nous la montre se
redressant triomphante au milieu de ses persécuteurs atter-
rés. Enfin, pour conclusion à cette œuvre où s'agitent tant
de pensées profondes et d'aspirations si hautes, Goya impro-
vise cette prophétique et consolante vision : la Liberté ma-
jestueuse, sereine, indiquant d'un geste irrésistible à l'humanité, *au vieil homme*, courbé, harassé, flétri par son labeur
et ses abrutissantes misères, la radieuse aurore qui se lève,
symbole d'une ère où régneront seulement l'amour, la justice et la paix. Et pour légende à ce rêve, Goya écrivit :
Ceci est la vérité!

Ferdinand VII inaugura son retour en Espagne par une
réaction d'une extrême violence. Quiconque était soupçonné
d'avoir pris part ou seulement d'avoir applaudi à l'œuvre ré-
génératrice des cortès de Cadix se voyait exilé, déporté ou
jeté en prison. La gloire de l'artiste protégea cependant le
satiriste. Ferdinand VII, tout en signifiant à Goya qu'il avait
mérité « l'exil, plus que l'exil, le garrot », oublia le passé.
Mais, soit que cette mansuétude n'inspirât qu'une faible
confiance à l'artiste, soit qu'elle fût insuffisante à détourner
de lui les tracasseries et les rancunes des ultras, ou soit encore que le vide opéré dans le cercle de ses plus chères amitiés par les persécutions religieuses ou politiques lui rendît
le séjour de Madrid insupportable, Goya demanda un congé
et vint en France. Après une courte apparition à Paris, il
alla se fixer à Bordeaux, au milieu d'une véritable colonie de
proscrits. Goya ne savait rester inactif. A Bordeaux, comme
à Madrid, il dessina, il grava, il peignit sans cesse. Des sujets de genre, de curieuses miniatures lavées sur des plaques
d'ivoire, mais traitées par taches sommaires et presque à la
manière de l'aquarelle, des portraits de ses compagnons
d'exil et de quelques amis de Bordeaux, entre autres ceux de
Moratin, de Don Juan Maguire, de Pio de Molina et de M. J.
Galos, datent de cette époque. Goya reprit également les
essais de lithographie qu'il avait précédemment tentés à

Madrid. Les quatre grandes pièces représentant des *Courses de taureaux*, qu'Eugène Delacroix admirait tant et qui sont des chefs-d'œuvre de couleur et de mouvement, ont été exécutées, en même temps que le *Portrait de M. Gaulon* et une *Scène de duel*, en l'année 1825. Goya allait atteindre sa quatre-vingtième année !

En 1827, Goya dut refaire le voyage de Madrid pour solliciter une prolongation de congé. Ferdinand l'accorda en y mettant pour condition qu'avant de quitter de nouveau l'Espagne Goya se laisserait peindre par Vicente Lopez, alors *pintor de Camara*. C'est ce portrait qui figure aujourd'hui au musée de Madrid et dont la *Gazette des Beaux-Arts* a donné une habile et fidèle reproduction à l'eau-forte par M. Lalauze[1].

Cette même année, Goya revint à Bordeaux ; il y reprit ses chères habitudes. Quoique ses mains tremblassent et qu'il ne vît qu'à l'aide d'une forte loupe, il dessinait et peignait encore. Mais ses forces s'en allaient. Lui-même sentit approcher sa fin. Il fit mander son fils Xavier, demeuré à Madrid. et quelques jours après, le 15 avril 1828, il s'éteignait dans les bras de ses amis. Il était âgé de quatre-vingt-deux ans et quinze jours. « Dans la tombe de Goya, dit Théophile Gau- « tier, est enterré l'ancien art espagnol, le monde à jamais « disparu des *toreros*, des *majos*, des *manolas*, des contre- « bandiers, des voleurs, des alguazils et des sorcières, toute « la couleur locale de la Peninsule. Il est venu à temps pour « recueillir et fixer tout cela. Il a cru ne faire que des *capri- « ces*, il a fait le portrait et l'histoire de la vieille Espagne, « en croyant servir les idées et les croyances nouvelles. »

1. Ce portrait a été publié dans le numéro de décembre 1875.

ESSAI

D'UN CATALOGUE RAISONNÉ DE L'OEUVRE GRAVÉ

ET LITHOGRAPHIÉ

ESSAI

D'UN

CATALOGUE RAISONNÉ DE L'ŒUVRE GRAVÉ ET LITHOGRAPHIÉ

DE

FRANCISCO GOYA

D'importants travaux ont paru, depuis une quarantaine d'années, sur Francisco Goya et sur son œuvre. Sans prétendre à faire ici la bibliographie complète des écrits ayant trait au maître aragonais, nous rappellerons sommairement celles de ces publications qui peuvent être consultées avec quelque fruit.

En commençant par les revues et les journaux d'art, nous rencontrons d'abord le *Magasin pittoresque* (année 1834), el *Artista* (Madrid, année 1835), le *Bulletin de l'Alliance des Arts* (année 1842) et enfin le *Cabinet de l'Amateur* (année 1842), renfermant sur Goya des études très-intéressantes et les premières qui le révélèrent au monde artiste.

L'article de M. Th. Gautier dans le *Cabinet de l'Amateur* eut entre tous un véritable retentissement ; artistes, amateurs, tous voulurent connaître cette puissante originalité que la plume la plus colorée de notre critique d'art avait si admirablement comprise et décrite. De ce moment commença la recherche des productions gravées de Goya ; on les étudia avec passion, et chaque jour a vu s'accroître cette admiration que leur avait conquise du premier coup leur saisissante étrangeté.

Toutefois, les publications que nous venons de citer s'arrêtent plutôt à des détails biographiques qu'elles ne s'étendent à l'étude de l'œuvre même, dont l'ensemble échappait encore à une complète analyse. Bien restreint était alors, en France et ailleurs, le nombre connu des productions gravées et lithographiées du maître espagnol. Dans l'essai de catalogue raisonné, le premier en date, de M. E. Piot (*Cabinet de l'Amateur*, 1842), cent soixante-trois pièces seulement sont décrites, et le *Manuel de l'Amateur d'Estampes* n'en citait encore en 1854-56 que quatre-vingt-onze, tout autant que ce qu'en possédait à cette date notre Cabinet des Estampes.

Plus récemment, la *Gazette des Beaux-Arts* (n⁰ˢ du 15 août 1860 et du 1ᵉʳ septembre 1863) publiait sur Goya deux articles fort complets, remplis de notes curieuses et qui comblaient presque en entier, par une énumération plus exacte de l'œuvre, les lacunes que tous les travaux antérieurs avaient forcément laissé subsister. C'est qu'aussi, hâtons-nous de le dire, aucun critique d'art n'a été à même de mieux nous faire connaître le grand artiste espagnol que D. Valentin Carderera, l'auteur des deux articles de la *Gazette*. Possesseur, à très-peu de pièces près, de toutes les séries, morceaux détachés, essais, — et presque toujours en épreuves d'une insigne rareté, — échappés à la pointe ou au crayon de Goya, lui seul donc pouvait en décrire l'œuvre en pleine connaissance de cause [1]. Analyste consciencieux et toujours rigou-

1. Depuis que ces lignes ont été écrites, la précieuse et riche collection de dessins et d'estampes de M. V. Carderera a été acquise par le gouvernement espagnol pour la Bibliothèque nationale de Madrid.

reusement exact, D. V. Carderera ne nous a laissé que bien peu à glaner derrière lui, et nous n'aurions certainement point entrepris cet essai s'il s'était davantage étendu sur ces détails qui s'adressent au curieux, au collectionneur. Pour clore notre bibliographie, il nous reste à citer *el Arte en España*, revue publiée à Madrid, qui a donné en 1864 et en 1865 quelques articles de M. Mélida sur les *Malheurs de la Guerre* et sur les *Proverbes ;* puis le charmant petit in-12 que M. Laurent Matheron a consacré à D. Francisco Goya (Paris, 1858, Schulz et Thuillié), et enfin le beau livre que M. Charles Yriarte a publié en 1867 sous ce titre : *Goya, sa vie, son œuvre.*

Très-étendue au point de vue biographique, écrite d'un bout à l'autre avec une verve entraînante, portant sur le maître et sur son œuvre des jugements toujours un peu passionnés, ce qui, à nos yeux du moins, ne nuit point aux pages de M. Yriarte et ne trahit au demeurant chez son auteur que le très-louable désir de faire partager son admiration pour Goya, cette étude très-vivante est, au point de vue biographique, ce qui a été écrit de plus complet touchant Goya et son œuvre.

Rappelons enfin la brochure de M. G. Brunet (Bordeaux et Paris, Aubry, 1865) dans laquelle l'auteur a soigneusement résumé ce qu'avaient dit ses devanciers.

En général, ceux des écrivains que nous venons de citer et qui ont tenté des essais de catalogue, se sont presque toujours arrêtés à la description sommaire des pièces qu'ils ont connues, sans tenir compte aucun de ces remarques d'états, de ces variétés de tirages. de ces différences d'épreuves, en un mot de tous ces renseignements qui sont cependant indispensables à l'amateur pour l'aider et le guider dans ses choix ou dans ses recherches. C'est surtout à combler cette lacune que nous nous sommes efforcé.

Notre essai d'un catalogue raisonné, d'une aridité un peu obligée, ne s'est donc proposé d'autres fins que de présenter des matériaux mieux coordonnés, nouveaux quelques-uns, et en tout cas plus complets; aussi tiendrons-nous que notre tâche, pour modeste qu'elle soit, a été suffisamment remplie si elle a pu apporter son contingent de renseignements et de lumières à la connaissance et à l'étude des productions d'un artiste aussi énergique qu'original, productions qui tenteront sans doute bien des plumes encore et plus autorisées que la nôtre : de Goya et de son œuvre il restera toujours quelque chose de neuf à dire.

PREMIÈRE PARTIE

EAUX-FORTES.

———

LES CAPRICES

Nos 1 à 80.

Plus qu'aucune autre partie de l'œuvre de Goya, cette suite, très-connue du reste, a puissamment servi à populariser le nom de l'artiste : ni la *Tauromachie*, aussi répandue, ni les *Proverbes*, ni les *Malheurs de la guerre*, qui hier encore étaient à peu près ignorés aussi bien au delà qu'en deçà des Pyrénées, ne parviendront peut-être jamais à rivaliser d'intérêt avec ces profondes et bizarres compositions que Goya a baptisées du titre de *Caprices*.

L'époque à laquelle ils furent exécutés s'étend de 1793 à 1798 ; la publication en fut scindée. De 1796 à 1797 apparurent soixante-douze planches seulement, et ce n'est que vers 1802 qu'on vit pour la première fois réunies en un volume in-4 les quatre-vingts pièces de la série. Dans l'année 1803, D. Manuel Godoy fit acquérir par l'État la propriété des planches que Goya avait prudemment offertes au roi ; une pension de douze mille réaux accordée au fils de l'artiste fut le prix de cette cession. La deuxième édition s'opéra de 1806 à 1807, au frais de l'État et par les soins de la Chalcographie royale, qui en a publié une troisième vers 1856.

Les quatre-vingts planches des *Caprices* sont exécutées à l'aide d'un mélange d'eau-forte et d'aqua-tinte, procédé ingrat dont Goya sut cependant tirer un merveilleux parti. Quelques rares pièces offrent de légères reprises de pointe sèche, mais ces retouches sont peu importantes. Rarement, en effet, Goya retravaillait ses cuivres : tels il les mordait, tels il les laissait. Sûr déjà de sa pointe et doué d'une grande habileté de main, il savait obvier par toutes les ressources que lui inspirait son tempérament de coloriste aux difficultés que ne manqua pas de lui créer le procédé choisi.

Nous avons étudié longuement dans la collection de D. V. Carderera les curieux dessins originaux de ces quatre-vingts planches. Quelques-uns, et nous croyons devoir signaler cette particularité comme pouvant jeter un jour nouveau sur les préparations de l'artiste, sont exécutés à la plume et imitent, à s'y méprendre, l'eau-forte elle-même, telle que Goya se proposait de la produire.

Cette sorte d'étude préparatoire n'était pas d'ailleurs une pratique nouvelle pour l'artiste ; car, dès l'année 1778, c'est-à-dire à l'époque où il commençait à graver *Velazquez*, les dessins exécutés d'après les *Borrachos*, le *Nain assis feuilletant un livre* et le grand portrait équestre du *Comte-duc d'Olivarès*, dessins offerts par Goya à Cean Bermudez et que nous conservons aujourd'hui, sont, comme indication de hachures, aussi près que possible de ce que devait donner la planche.

En général, toutes les études destinées à être gravées sont ainsi soigneusement et fortement arrêtées, et si nous insistons sur cette remarque, c'est que, connaissant mal l'artiste, quelques-uns se sont plu à en faire un talent spontané, prime-sautier et livré à toute sa fougue méridionale, alors que ses dessins témoignent de reste qu'il n'a garde, au contraire, d'abandonner rien ou presque rien au laisser-aller ou au hasard de l'improvisation.

En tant que gravure à l'eau-forte, cette série est donc loin d'être ce que Goya a produit de plus capital : œuvre singulièrement complexe d'ailleurs que ces *Caprices*, satire, libelle, pamphlet où la pointe ne joue guère plus, dans la pensée de Goya, que le rôle vulgarisateur de la plume ! Mais, de même

que le penseur y inspire, y commande et parfois même y
déborde l'artiste, de même le graveur s'efface ici derrière le
peintre que son sentiment exquis de la couleur et de l'effet
n'abandonne jamais, et qui, par là, sait racheter heureusement les sécheresses et les défaillances de l'exécution.

Très-soigneux de ses productions, Goya tirait presque
toujours lui-même les épreuves d'essai de ses cuivres. Il en
fut ainsi de la première partie des *Caprices* qu'il ne livra que
successivement à ses souscripteurs. Il est facile de reconnaître cette première édition au ton rougeâtre des épreuves.
Le second tirage, fait aux frais de l'État et que dirigea le
graveur Raphaël Estève, l'auteur de la célèbre estampe du
Frappement du rocher, est également très-beau d'impression :
cette fois, l'encre employée est noire. L'une et l'autre édition
sont exécutées sur un papier assez épais ne portant d'autre
marque visible que les vergeures et les pontuseaux.

Le plus récent tirage, obtenu sur papier vélin moderne par
des cuivres trop fatigués, se vend à la Chalcographie de Madrid en exemplaires cartonnés, avec le portrait de Goya ré-
pété sur la couverture. Et à ce propos, qu'il nous soit permis
de regretter sincèrement qu'un établissement national, créé
pour propager exclusivement des éditions hors ligne ou remar-
quables, sous peine de manquer au but élevé qu'il doit se pro-
poser, ait pu oublier ce but, alors surtout qu'il s'agissait du
plus illustre peintre-graveur qu'ait produit la Péninsule.
Pense-t-on servir cette gloire de l'Espagne, avec des épreuves
mal venues, obtenues de cuivres tachés, parfois même profondément altérés, qui ne sauraient un instant souffrir la
comparaison avec leurs aînées ? Aussi conseillerons-nous aux
amateurs de se garder soigneusement de porter un jugement
sur telle ou telle partie de l'œuvre de Goya qu'ils ne possé-
deraient qu'en épreuves modernes.

Les sujets que Goya a traités dans la série des *Caprices*
sont de natures diverses : scènes de mœurs prises sur le vif,
dictons populaires dramatisés, mordantes satires politiques

et religieuses, compositions fantastiques et rêveries, il y a de
tout. Sur l'interprétation à donner à ses planches, Goya a
laissé un manuscrit, copié par quelques rares curieux, dans
lequel le malin artiste, au lieu d'expliquer nettement et fran-
chement sa pensée, s'est plu au contraire à compliquer le
plus souvent un sujet déjà très-énigmatique d'une paraphrase
presque toujours *à côté*, et qui n'est destinée qu'à fourvoyer
davantage quiconque n'a pas le mot de l'énigme. On com-
prend que Goya dut en user ainsi dans le dessein de dévoyer
les nombreux et puissants ennemis que les extrêmes hardiesses de sa pointe, pour habilement voilées qu'elles fussent,
n'avaient pas manqué de lui soulever [1].

1. Un hasard heureux nous a mis à même, pendant que nous recher-
chions de tous côtés les matériaux d'un catalogue de l'œuvre de Goya, de
rencontrer sur la garde d'un fort bel exemplaire de la première édition des
Caprices une note manuscrite, rédigée en français, et donnant d'assez piquantes révélations sur les personnages que l'artiste aurait mis en scène,
avec d'intéressants aperçus sur la portée satirique de la plus grande partie
des planches des *Caprices*.

L'auteur de cette note dut certainement être mêlé, de près ou de loin,
aux choses de ce temps, et connaître au moins *de visu* quelques-uns des
personnages qu'il signale comme ayant plus particulièrement servi de point
de mire aux traits du caricaturiste ; que, de plus, il ait été un curieux,
dans l'acception artistique du mot, ceci nous semble hors de doute; et qu'il
ait eu accès dans l'atelier de Goya, cela encore nous paraît vraisemblable :
ne cite-t-il pas, comme les connaissant, plusieurs pièces composées par
l'artiste pour la duchesse d'Albe, pièces qu'il s'étonne de ne point rencontrer parmi les eaux-fortes publiées? Or, ces planches, qui ne furent jamais
éditées, et que Goya a cependant gravées, et la preuve nous en est fournie
par les sujets que nous décrivons sous le nᵒˢ 81 et 82, où donc notre anonyme aurait-il pu les voir ailleurs que dans les cartons du maître?

Pour son caractère de *contemporanéité*, car elle dut être écrite pendant
le règne même de Charles IV, et pour toutes les indiscrétions piquantes
qu'elle nous révèle, cette note, encore qu'elle ne serait qu'un écho de ce
qui se disait alors, nous a paru mériter d'être livrée à la publicité. Nous la
transcrivons donc textuellement :

« Il y a plus de vingt ans que Goya fait des caricatures : une sorte de
« malignité joviale et le caractère de son talent comme peintre le rendent
« très-propre à ce genre de composition ; il dut être de très-bonne heure
« et continuellement porté, comme autrefois Hogarth et encore aujourd'hui
« Bambury, en Angleterre, à exercer ses crayons sur tout ce que présentent
« de ridicule et d'exagéré les mœurs et les usages de sa nation, que, sous
« ces rapports, personne n'a étudiés avec plus de soin et ne connaît mieux
« que ce peintre.

« La suite de ces caricatures doit être considérable, et l'on est d'autant

Nous avons pensé qu'il convenait de faire suivre la description de chaque planche du commentaire que Goya nous

« plus sûr que Goya ne les a pas publiées toutes, qu'on ne voit pas, parmi
« ses eaux-fortes, plusieurs pièces composées dans le temps pour la du-
« chesse d'Albe, dont il était l'ami et le pensionnaire. Sans doute, le haut
« rang des personnages et la nature des scènes qui s'y trouvaient repré-
« sentées l'ont empêché de les graver. Toutefois, on ne saurait ac-
« cuser Goya d'avoir manqué de courage ; car, dans le recueil qu'il a mis
« au jour, on voit un assez grand nombre de compositions qui paraissent
« avoir rapport et ne pouvoir guère s'appliquer qu'à des personnes très-
« éminentes et à des faits connus de l'histoire anecdotique du règne actuel.
« La planche 19, par exemple, où l'on voit des femmes occupées à em-
« plumer de petits personnages, qui aussitôt s'enlèvent en l'air et retom-
« bent un moment après, que peut-elle signifier autre chose que cette
« longue suite d'amants qui, depuis ou même avant Don Juan Pignatelli
« jusqu'au prince de la Paix, se sont succédé auprès de la reine, et rendus
« plus ou moins ridicules par le scandale de leur sottise et de leur vanité ?
« La disgrâce de ces nombreux favoris est plus particulièrement repré-
« sentée dans la planche 20, et il paraît hors de doute que les quatre
« suivantes, dans l'une desquelles on voit un *tontillo* [1], ont rapport aux
« vengeances exercées plus d'une fois par cette princesse sur les femmes
« dont elle était jalouse.
« Dans le n° 36, Goya semble vouloir rappeler certaines soirées de la
« reine par des nuits souvent très-orageuses. C'était un bruit assez ac-
« crédité dans le temps, qu'il est arrivé plus d'une fois à cette princesse
« de rentrer chez elle dans un désordre de vêtements qui prêtait à tous les
« genres de conjectures.
« Il est clair que dans la planche 37 il ne peut s'agir que du prince de la
« Paix, au premier temps de sa faveur. Destiné dès lors sans doute au rôle
« qu'il a joué depuis, on confia le soin de son éducation politique d'abord à
« Acuña, aujourd'hui archevêque de Saint-Jacques, et immédiatement après
« à Barradas, ainsi qu'à Mollinedo, commis vieilli dans le département des
« affaires étrangères, auquel un long service fit supposer de grandes con-
« naissances, et qui dut se trouver fort étonné d'être appelé à enseigner ce
« qu'assurément il n'avait jamais su.
« Les leçons durèrent peu ; la basse flatterie les remplaça bientôt, et c'est
« là le sujet de la planche 38. Dans la suivante, Goya s'est amusé de la
« longue et ridicule généalogie qui fut faite au prince de la Paix : on le
« faisait descendre des anciens rois goths d'Espagne, et tenir, on ne sait
« par quelles alliances, à la famille régnante.
« — Cela est évident, dit le roi à ce sujet, Godoy nous tient de fort près.
« — Il y a longtemps que je le savais, dit la reine, qui était présente.
« Galinsoya, médecin du prince de la Paix, et Carnicero, son peintre,
« voilà très-probablement les personnages que Goya a eu en vue dans les
« n°° 40 et 41. Dans le 43, l'on peut supposer qu'il a voulu représenter les
« deux royaumes de Castille et d'Aragon gémissant sous le poids du favori
« et de ses créatures.
« Le comte palatin de la planche 33 me paraît être Urquijo. Il est recon-

---

1. Tontillo, *maison d'arrêt, violon ;* le mot à mot serait *panier.*

en a laissé, nous efforçant dans notre traduction d'en rendre
le sens original avec toute l'exactitude possible.

Communication nous a été faite d'un second manuscrit
également attribué à Goya, et relatif aussi aux interprétations
à donner aux *Caprices*. Mais ces explications, qui n'expliquent
pas grand'chose, car elles sont à peu près muettes sur le nom
des personnages et sur les faits que l'artiste avait en vue, sont
en revanche tellement remplies d'obcénités, qu'il nous est
absolument interdit d'en essayer une complète traduction
littérale. Nous n'utiliserons donc ce second document
qu'avec une extrême réserve et seulement pour certaines

« naissable à son air, à son costume de charlatan, ainsi qu'aux différentes
« drogues dont il est environné, emblème de ses forfanteries diplomati-
« ques ; il va arrachant les dents, et probablement ce sont les bonnes, au-
« tre trait de ressemblance avec cet ex-ministre, qui voulut tout faire vio-
« lemment, bruyamment et intempestivement. Le n° 56 pourrait bien ne
« représenter que le même homme : on le voit en habit de saltimban-
« que, et élevé, un instant, sur les bras de la Sottise, lançant ses petites
« foudres sur tout ce qui se trouve autour de lui.

« L'éternelle coquetterie de la dernière comtesse de Benavente, mère
« de la duchesse d'Osuna, fait le sujet de la planche 55. Dans celle n° 29,
« il est possible que Goya ait voulu tourner en ridicule le marquis de Re-
« villagigedo, ou plutôt le duc del Parque, qui passait à Madrid pour donner
« à la culture de son esprit tout le temps qu'il plaisait à son valet de cham-
« bre de mettre à sa coiffure. De cette méthode d'instruction il résulta
« pour le duc un grand fonds de connaissances que le gouvernement es-
« pagnol a cherché plus d'une fois de mettre à profit, en le chargeant
« de quelques missions diplomatiques.

« On ne sait quel est le militaire que l'on a voulu désigner dans le
« n° 76, si ce n'est Don Tomas Morla, lieutenant général d'artillerie, et
« actuellement gouverneur des Andalousies. La loquacité insignifiante,
« exprimée par les cinq ou six mots qui sont au bas de cette planche, et
« l'air de parfaite *gobe-moucherie* des personnes qui l'environnent, con-
« viennent parfaitement au caractère et à l'histoire de cette créature du
« prince de la Paix.

« Voilà ce que cette suite de caricatures présente d'applications particu-
« lières et personnelles. Dans le reste, Goya paraît n'avoir voulu que pein-
« dre en traits généraux beaucoup d'usages et tous les genres d'abus poli-
« tiques qui se sont perpétués jusqu'à présent dans son pays. Ici le voile de
« l'allégorie couvre à peine la pensée de l'auteur, que l'on devine presque
« au premier coup d'œil.

« Dans la planche 52, la foule est à genoux devant un tronc d'arbre
« revêtu d'une espèce de robe de moine, avec ces mots : « Que ne peut
« l'art d'un tailleur ! » Rien n'est moins énigmatique que cette composi-
« tion, et il en est de même du n° 70, où l'on voit l'Espagne personnifiée

compositions à l'égard desquelles il laisse quelquefois mieux pénétrer l'intention ou la pensée qui les a inspirées.

1. Portrait de Goya, en buste, tourné vers la gauche, avec l'inscription suivante dans la marge du bas :

« Francisco Goya y Lucientès, Pintor. »

Dim. : haut., 136 mill. ; larg. 112 mill.

1er état. — Avant l'inscription et avant le numéro. (Épreuve coll. Carderera.)

2e état. — Avec l'inscription et le no 1, dans l'angle supérieur, à droite.

« se dresser sur les épaules de l'Ignorance, et se vouer en toute humilité « au culte du Fanatisme et de la Superstition. Dans le no 71, cette Igno- « rance et cette Superstition, et les vices qui les accompagnent, tiennent « conseil au milieu de la nuit et s'écrient : « *Si amanece nos vamos.* Te « nous-nous prêts à fuir du moment où il fait jour. »

« La planche 11 a trait aux brigandages exercés par différents membres « du gouvernement, représentés ici sous les traits et le costume des Gita- « nos. Ces bohémiens, réputés les filous les plus adroits de l'Espagne, « tiennent conseil au milieu d'un bois et se préparent à une expédition.

« Le bavardage théologique, la gourmandise, la saleté et la rapacité des « moines, tout cela est clairement exprimé dans les planches 49, 53, « 58, etc., etc., et en général toutes les scènes de sorcellerie, qui sont assez « nombreuses dans ce recueil, font allusion aux astuces des gens d'église « et à l'ignorance qu'ils se plaisent à entretenir parmi le peuple.

« Peuple aussi sont en Espagne les grands, que Goya n'a pas plus ména- « gés que les autres. On voit dans la planche 50 deux hommes de cette « classe, l'épée au côté et comme emmaillotés dans leurs cottes d'armes : « leurs oreilles sont cadenassées, leurs yeux recouverts par de lourdes « paupières, et dans une immobilité stupide ils reçoivent leurs aliments « des mains de l'Ignorance.

« La dernière planche du recueil représente tous ces différents person- « nages, moines, grands, etc., se réveillant de leur profonde léthargie, et « au milieu des plus affreux bâillements, s'écriant tous : « *Ya es hora !* Enfin, « il est temps ! » C'est l'expression d'un vœu formé par Goya, et que beau- « coup d'autres feront après lui, car il peut être longtemps encore à se réa- « liser. »

Comme correctif aux indiscrétions plus ou moins suspectes de l'auteur anonyme de la note que nous venons de reproduire, il nous paraît bon de mettre en regard les quelques lignes suivantes, que nous extrayons d'une sorte d'introduction que Goya projetait sans doute de placer en tête des *Caprices :* « J'ai choisi des sujets qui donnent occasion à tourner en ri- dicule, à stigmatiser des préjugés, des impostures, des hypocrisies consa- crées par le temps ; mais je proteste qu'aucune de ces planches n'est une satire personnelle. »

3e état. — Avec l'inscription seulement. Des épreuves de cet état, tirées sur papier vélin moderne, se vendent séparément à la Chalcographie de Madrid.

2. N° 2 de la série. — *El si pronuncian y la mano alargan al primero que llega*. (Elles prononcent le oui et donnent leur main au premier qui se présente.)

Une femme, à demi masquée, suivie de deux vieilles, donne la main à un homme laid et âgé qui la conduit à l'autel. Au fond une foule curieuse se presse pour voir le couple qu'elle semble poursuivre de ses huées.

Dim. : haut., 180 mill.; larg., 120 mill.

Manuscrit de Goya : « Exemple de la facilité avec laquelle certaines femmes se laissent épouser dans l'espérance de trouver une plus grande liberté dans l'état de mariage [1]. »

3. N° 3 de la série. — *Que viene el coco*. (Voilà le Croquemitaine !)

Deux enfants effrayés se cachent dans les bras d'une femme, à l'approche d'un personnage qui s'est couvert d'un drap pour simuler le croquemitaine.

Dim. : haut., 190 mill.; larg., 134 mill.

Nous connaissons de cette planche diverses épreuves d'essai avant l'inscription et le numéro. (Coll. de MM. Carderera et Ph. Burty.)

Manuscrit de Goya : « Funeste abus de la première éducation d'avoir fait qu'un enfant ait plus peur de Croquemitaine que de son propre père et de l'amener à craindre ce qui n'existe pas. »

4. N° 4 de la série. — *El de la rollona*. (Le vieil enfant gâté.)

Un domestique traîne par des lisières un homme encore vêtu en enfant et qui se met les doigts dans la bouche.

Dim. : haut., 130 mill. ; larg., 129 mill.

---

1. D'un autre manuscrit, dont la rédaction est également attribuée à Goya, nous extrayons les quelques lignes suivantes, qui laissent entrevoir quelque chose de plus que l'idée toute morale développée par cette première paraphrase : « *Celle-ci est une princesse déguisée*, qui ne tardera guère à se montrer pis qu'une chienne, comme l'indique *ce second masque* qu'on voit, en façon de coiffure, au revers de sa tête... Elle a deux visages, comme Janus... Un peuple niais applaudit à ses épousailles, et derrière le cortège s'avance un charlatan qui prie pour le bonheur de la nation. »

A en croire cet autre commentaire, la planche de Goya aurait peut-être trait au mariage de Charles IV avec Marie-Louise.

« — La négligence, l'indulgence ou un amour aveugle rendent les enfants capricieux, obstinés, orgueilleux, gloutons, paresseux et insupportables ; devenus hommes, ils sont enfants encore : tel celui de la Rollona [1]. »

5. N° 5 de la série. — *Tal para cual.* (Qui se ressemble s'assemble.)

Une élégante et un élégant, en costume de la fin du siècle dernier, conversent ensemble : deux vieilles assises se les montrent du doigt.

Dim. : haut., 173 mill. ; larg., 114 mill.

« — On a bien souvent mis en discussion si les hommes valaient moins que les femmes, et réciproquement. Les vices des uns et des autres proviennent de la mauvaise éducation : là où les hommes sont pervers, les femmes seront perverses. »

« La femme représentée dans cette estampe est aussi bonne pièce que le chercheur d'aventures qui lui fait la conversation ; et quant aux deux vieilles, l'une est non moins infâme que l'autre [2]. »

6. N° 6 de la série. — *Nadie se conoce.* (Personne ne se connaît.)

Foule de personnages masqués causant et se promenant.

Dim. : haut., 188 mill. ; larg., 119 mill.

« — Le monde est une mascarade : visage, costume, voix, tout est mensonge. Tous veulent paraître ce qu'ils ne sont pas, tous s'entre-trompent et personne ne se connaît. »

7. N° 7 de la série. — *Ni así la distingue.* (Même en la regardant ainsi il ne la distingue pas.)

Un merveilleux lorgne de très-près une élégante ; au second plan une femme assise joue de l'éventail.

1. Le second manuscrit donne cette autre leçon qui nous semble serrer de plus près la pensée de l'artiste : « Les fils des grands sont toujours élevés en enfants gâtés ; ils se sucent les doigts, se bourrent de nourriture, ne marchent que traînés par des laquais et chargés de mille brimborions ; ils ont déjà de la barbe, qu'ils conservent encore toutes les crédulités de l'enfance. »

Au demeurant, cette planche laisse assez clairement transparaître que Goya y avait en vue la royauté, qui, sous Charles IV, ne savait guère se passer de lisières.

2. « La reine Marie-Louise et le prince de la Paix, alors simple garde royal, se rencontrant à un rendez-vous habituel, au temps où les lavandières du Manzanarès, qui les voyaient, se moquaient d'eux, » telle est l'explication du second manuscrit, et elle pourrait bien être la bonne.

Dim. : haut., 173 mill.; larg., 115 mill.

« — Et comment la distinguerait-il ? Pour savoir ce qu'elle est, il ne suffit pas d'un lorgnon : ce qu'il faut, c'est du jugement et la science du monde, et c'est là précisément ce qui fait défaut au pauvre cavalier. »

8. N° 8 de la série. — *Que se la llevaron.* (Et ils l'enlevèrent.)

Deux hommes déguisés, la tête voilée, emportent une femme qui crie.

Dim. : haut., 183 mill. ; larg., 135 mill.

« — La femme qui ne sait pas se garder soi-même est au premier qui l'attaque, et c'est seulement alors qu'il n'est plus temps de l'empêcher que l'on s'étonne *qu'ils l'aient enlevée.* »

9. N° 9 de la série. — *Tantalo.* (Tantale.)

Un homme dont le visage exprime un profond désespoir soutient sur ses genoux une jeune femme à demi nue qui semble morte... et qui n'est qu'évanouie.

Dim. : haut., 179 mill. ; larg., 125 mill.

« — S'il était plus galant et un peu moins ennuyeux... elle se ranimerait. »

10. N° 10 de la série. — *El Amor y la Muerte.* (L'Amour et la Mort [1].)

Près d'un rempart désert, une femme éplorée. soutient dans ses bras un homme qui se meurt. A terre une épée nue.

Dim. : haut., 188 mill. ; larg., 132 mill.

« — Voici un amant à la manière de ceux de Calderon qui, pour n'avoir pas su se moquer d'un rival, meurt dans les bras de son amante et la perd par trop de témérité. C'est qu'aussi il n'est pas bon de tirer l'épée trop souvent... »

11. N° 11 de la série. — *Muchachos al avio!* (Garçons, à l'ouvrage !)

Groupe de quatre bandits, assis dans la campagne et se préparant à quelque coup de main.

Dim. : haut., 180 mill. ; larg., 118 mill.

---

1. Nous empruntons à **M. Ph. Burty** (*Gazette des Beaux-Arts*, septembre 1863) la note suivante : « En 1824 fut imprimé chez Motte, à Paris, un cahier de dix lithographies, ayant pour titre : *Caricatures espagnoles*, par Goya, à Paris. Ce sont de pauvres copies, parfois même assez maladroitement modifiées des n°° 10, 14, 15, 18, 24, 32, 40, 43, 52 et 55 du recueil des *Caprices.* »

« — Leurs figures et leurs costumes vous disent assez ce qu'ils sont [1]. »

12. N° 12 de la série. — *A caza de dientes*. (A la chasse aux dents.)

Une femme dont le visage et l'attitude expriment l'effroi cherche à arracher une dent à un pendu.

Dim. : haut., 180 mill. ; larg., 117 mill.

« — Les dents de pendu sont très-efficaces pour jeter des sorts ; sans cet ingrédient on ne ferait rien qui vaille. N'est-ce pas pitié que le vulgaire croie à de telles sottises ? »

13. N° 13 de la série. — *Estan calièntes*. (C'est chaud.)

Deux moines, la bouche béante, viennent de se brûler en mangeant ; deux autres les regardent en se moquant.

Dim. : haut., 183 mill. ; larg., 118 mill.

M. Burty possède de cette pièce une épreuve d'essai avant le n°, avant l'inscription, et avant que les plans lumineux sur le front des moines et les plis des robes aient été obtenus en brunissant le travail primitif d'aqua-tinte.

« — Ils sont si pressés d'engloutir, qu'ils avalent bouillant. Jusque dans l'usage des plaisirs il faut de la tempérance et de la modération. »

14. N° 14 de la série. — *Que sacrificio!* (Quel sacrifice !)

Les parents remettent aux mains d'un galant, laid de visage, bossu et les jambes torses, une jeune fille qui paraît en proie à la plus vive douleur.

Dim. : haut., 173 mill. ; larg., 118 mill.

« — Est-ce possible ! Le fiancé n'est pas des plus appétissants, mais il est riche, et au prix de la liberté d'une jeune fille une famille affamée se procure des ressources. Ainsi va le monde ! »

15. N° 15 de la série. — *Bellos consejos*. (Jolis conseils.)

Une jeune femme assise écoute, en jouant de l'éventail, les propos d'une vieille.

Dim. : haut., 178 mill. ; larg., 122 mill.

« — Et ces conseils sont dignes de celle qui les donne. Le pire, c'est que la senorita les va suivre au pied de la lettre, et alors malheur au premier qui l'accostera [2] ! »

---

1. Sur la portée attribuée par un contemporain de Goya à cette planche, voir la note de l'*anonyme*, page 38 et suiv.

2. Peut-être faut-il voir là, comme l'a indiqué M. Piot, une allusion à

16. N° 16 de la série. — *Dios la perdone : y era su madre*. (Dieu lui pardonne... c'était sa propre mère !)

Une jeune élégante refuse dédaigneusement de faire l'aumône à une vieille qui la poursuit de ses doléances.

Dim. : haut., 172 mill. ; larg., 124 mill.

« — La senorita a quitté toute jeune son pays natal : elle fut mise en apprentissage à Cadix, puis elle vint à Madrid. Elle gagna à la loterie ; descendue un jour au Prado, elle entend qu'une vieille maugréante et décrépite lui demande l'aumône. Elle la repousse ; la mendiante insiste ; l'élégante se retourne et reconnaît... qui l'eût dit !... que cette pauvre vieille était sa mère... »

17. N° 17 de la série. — *Bien tirada esta*. (Il est bien tiré [1].)

Une jeune femme, le pied appuyé sur le rebord d'un brasero, rattache sa jarretière ; une vieille, accroupie, la regarde et semble lui adresser les mots qui précèdent.

Dim. : haut., 184 mill. ; larg., 126 mill.

« — Oh ! elle n'est pas bête, la tante Françoise... ; elle sait fort bien qu'il est indispensable que les bas soient bien tirés. »

18. N° 18 de la série. — *Y se le quema la casa*. (Et voilà que sa maison brûle.)

Un homme à face d'ivrogne, une manche de sa veste passée, l'autre non, retenant à grand'peine ses chausses qui lui échappent, sort d'un galetas dont l'unique meuble, une chaise, s'enflamme au contact d'une lampe accrochée aux barreaux.

Dim. : haut., 175 mill. ; larg., 119 mill.

« — Et il ne réussira à en finir avec ses chausses et ne cessera d'interpeller la lampe, que lorsque les pompes de la ville le viendront rafraîchir. Combien grande est la puissance du vin [2] ! »

---

la célèbre Josefa Tudo, qui fut, dit-on, mariée secrètement au prince de la Paix, et dont les mœurs paraissent avoir beaucoup prêté à dire aux mauvaises langues contemporaines.

1. Le texte espagnol prête à une allusion licencieuse. Si nous relevons ce détail, c'est que Goya a un penchant très-marqué pour ce genre de plaisanteries *saladas*, comme on dit en Espagne, et que nous appelons chez nous des polissonneries.

2. Allusion transparente à la situation critique de Charles IV, dont la politique de tergiversation, ou plutôt celle de son tout-puissant ministre le prince de la Paix, n'échappe point au malin artiste.

19. N° 19 de la série. — *Todos caeran.* (Tous tomberont.)

Deux jeunes femmes déplument et embrochent un poulet à tête d'homme. Une vieille, qui paraît ravie de cette action, lève les yeux au ciel en joignant les mains. Sur un arbre, au-dessus de ce groupe, est perchée une poule à tête de femme, les pattes posées sur une sorte de boule ; alentour, voltigent empressés d'autres oiseaux à têtes d'hommes, chamarrés de divers costumes : habits de ville, frocs de moines, uniformes.

Dim. : haut., 185 mill. ; larg., 129. mill.

« — Et que l'on n'objecte pas à ceux qui vont tomber l'exemple de ceux qui sont tombés déjà... Il n'y a pas de remède...; tous en passeront par là [1]. »

20. N° 20 de la série. — *Ya van desplumados.* (Les voilà déplumés.)

Deux jeunes femmes, que deux vieux moines semblent encourager, chassent à grands coups de balai trois oiseaux à tête humaine, et entièrement déplumés. Au-dessus de ce groupe, deux oiseaux accouplés s'envolent.

Dim. : haut., 194 mill. ; larg., 129 mill.

« — Et puisqu'ils sont deplumés, qu'ils s'en aillent ;... d'autres vont venir. »

21. N° 21 de la série. — *Qual la descañonan!* (Comme ils la déchiquètent !)

1. Sur le sens que les contemporains de Goya donnaient à cette pièce, ainsi qu'à la suivante, voir la note empruntée à un manuscrit du temps.

M. G. Brunet, dans l'étude qu'il a consacrée aux *Caprices*, se refuse à croire que la reine Marie-Louise ait pu être justement la personne que Goya avait ici en vue, parce que, dit-il, elle n'était ni jeune ni belle. Ce n'est point affaire à nous de discuter si cette princesse eut des amants et si l'élévation du prince de la Paix, simple garde royal la veille, et ministre tout-puissant le lendemain, fut due ou non à ses relations amoureuses avec Marie-Louise ; mais nous renverrons M. Brunet, s'il désire s'enquérir de ce qu'on pensait et disait, aussi bien parmi les nombreux partisans de l'infant, qui fut plus tard Ferdinand VII, que parmi les ennemis, plus nombreux encore, de Manuel Godoy et de la reine, au curieux livre publié par le père Salomon, moine augustin, sous le titre de *Resumen historico de la revolucion de España*, Cadix, 1812, imprenta Real, et à un grand nombre d'autres écrits, mémoires, libelles, etc., parus avant et après cette même époque. Quoiqu'ils exagèrent probablement les fautes que l'on reprochait à Marie-Louise, ces documents doivent être consultés. Ils sont pleins de données précieuses sur l'état des esprits au moment même où Goya, qui se faisait l'écho de l'opinion, gravait la série des *Caprices*.

Trois hommes de loi ont saisi un oiseau à tête de jeune femme : ils le déplument et lui arrachent les ailes.

Dim. : haut., 180 mill.; larg., 124 mill.

« — Et les poulettes aussi rencontrent des milans qui les déplument, et c'est pour cela que l'on a coutume de dire : A trompeur, trompeur et demi. »

22. N° 22 de la série. — *Pobrecitas !* (Pauvres petites !)

Deux femmes, complètement enveloppées de leurs mantilles, marchent devant deux hommes de mine et de tournure patibulaires, qui les conduisent en prison.

Dim. : haut., 180 mill.; larg., 126 mill.

« — Qu'on les envoie plutôt coudre celles-là dont la vie est si décousue. Qu'on les enferme... elles ont bien assez circulé comme cela... seulettes [1]. »

23. N° 23 de la série. — *A quellos polvos...* (Cette poussière...! [2])

Dans un prétoire, une vieille, assise sur une estrade élevée, la tête coiffée d'un haut bonnet pointu, revêtue d'une longue robe et par-dessus d'une espèce de dalmatique, entend lire sa sentence. A ses pieds se presse une foule de spectateurs. En face d'elle, sur une autre estrade, un homme de loi donne lecture du jugement.

Dim. : haut., 184 mill. ; larg., 129 mill.

« — C'est mal fait; une femme d'honneur qui rendait service à tout le monde pour presque rien, si active, si utile, la traiter de la sorte !..... C'est mal fait ! »

24. N° 24 de la série. — *No hubo remedio.* (Il n'y eut pas de remède.)

Une femme à demi nue, coiffée de ce haut bonnet pointu que l'on appelait *coroza*, et montée sur un âne, est promenée par des alguazils au milieu d'une foule de peuple.

Dim. : haut., 191 mill. ; larg., 134 mill.

---

1. Nous renvoyons, pour le sens à donner à cette planche, à la note de *l'anonyme.*

2. Fragment du proverbe espagnol : *De aquellos polvos vienen estos lodos.* « Cette poussière produit cette boue. » Goya a reproduit dans cette planche un *Autillo,* ou petit *Auto,* et le sens énergique de son épigraphe semble indiquer assez clairement qu'il a voulu se railler, et des mœurs des créatures du genre de celle qui entend lire sa sentence, et des juges qui les condamnaient à ces ignominieux supplices, et de la populace ignoble dont ces solennités faisaient les délices.

« — Cette sainte personne, ils la persécutent à mort... Après
avoir écrit sa vie tout au long, ils la promènent en triomphe.
Certes, elle a mérité tout cela, mais s'ils pensent lui faire
honte, c'est temps perdu... On ne fera pas rougir qui n'a pas
de vergogne. »

25. N° 25 de la série. — *Si quebró el cantaro.* (S'il a cassé la cruche.)

Une femme irritée fouette de son soulier un enfant qui a cassé
une cruche.

Dim. : haut., 180 mill. ; larg., 133 mill.

Une épreuve d'essai de cette planche, avant l'inscription et
avant le numéro, fait partie de la collection Carderera.

« Le fils est étourdi, la mère colérique... Lequel est pire [1] ? »

26. N° 26 de la série. — *Ya tienen asiento.* (Elles ont enfin une
place.)

Deux jeunes femmes, n'ayant pour tout vêtement que leur
chemise ou leur mantille, portent des chaises sur leurs têtes ;
des galants les regardent en riant.

Dim. haut., 191 mill. ; larg., 139 mill.

« — Si l'on veut que ces créatures à tête légère trouvent où se
caser, il n'y a rien de mieux à faire que de leur mettre leur
siége sur la tête [2]. »

27. N° 27 de la série. — *Quien mas rendido.* (Qui est plus votre
esclave ?)

Sur une promenade publique, une jeune élégante retourne
la tête et dédaigne les protestations d'un personnage en costume
de merveilleux.

Dim. : haut., 175 mill. ; larg., 121 mill.

« — Pas plus l'un que l'autre... *Lui* est un charlatan d'amour
qui dit à toutes les femmes la même chose, et quant à *Elle*...,

---

1. Si nous ne nous trompons, cette planche fait allusion aux violentes
querelles qui s'élevèrent si fréquemment entre Marie-Louise et l'infant,
plus tard Ferdinand VII, pendant les dernières années du règne de Charles IV.

2. Nous lisons dans le second manuscrit la paraphrase suivante, beaucoup moins énigmatique : « Telle est à présent la fureur chez nos belles
de se découvrir la moitié du corps, qu'elles ne prennent pas garde que
les polissons se moquent d'elles. » Goya se raillait donc tout simplement
de la mode, alors en vogue parmi les élégantes, de porter des robes non
moins écourtées par le bas que décolletées par le haut.

elle ne songe qu'aux cinq rendez-vous qu'elle a donnés entre
huit et neuf heures..., et il en est déjà sept et demie. »

28. N° 28 de la série. — *Chiton !* (Chut!)

Une élégante jeune femme, à demi voilée sous sa mantille,
fait un signe mystérieux à une vieille toute recourbée et qui
s'appuie sur un bâton.

Dim. : haut., 187 mill.; larg., 127 mill.

« — Excellente mère pour une mission de confiance. »

29. N° 29 de la série. — *Esto si que es leer.* (C'est cela qui s'appelle
lire.)

Un personnage assis, vêtu d'un peignoir, semble lire gravement pendant que ses deux valets le chaussent et le poudrent en
se moquant de lui.

Dim. : haut., 178 mill. ; larg., 126 mill.

« — Soit qu'on le peigne ou qu'on le chausse, soit même qu'il
dorme..., il étudie ! On ne dira pas qu'il ne met point le temps
à profit [1]. »

30. N° 30 de la série. — *Porque esconderlos.* (Pourquoi les cacher !)

Un avare effaré, tenant deux bourses qu'il cherche à dissimuler, est poursuivi par les railleries de quatre joyeux com-
pères.

Dim. : haut., 183 mill.; larg., 125 mill.

« — La réponse est facile : parce qu'il ne veut pas les dé-
penser, et il ne les dépense pas, parce que, tout âgé qu'il soit
de quatre-vingts ans révolus, et quoiqu'il ait à peine un mois à
vivre, il croit cependant qu'il vivra longtemps encore et craint
que l'argent ne lui fasse faute. Combien sont erronés les calculs
de l'avarice [2] ! »

31. N° 31 de la série. — *Ruega por ella.* (Elle prie pour elle.)

Une jeune femme tire soigneusement son bas, pendant que sa
suivante la peigne. Au fond une vieille récite son chapelet.

Dim. : haut., 183 mill. ; larg., 133 mill.

---

1. A en croire le manuscrit que nous avons reproduit en note, ce personnage serait le duc del Parque.

2. Il s'agirait ici d'un ecclésiastique que son avarice bien connue avait
fait la risée de Madrid, et dont les neveux, les parents, *et autres sacris-
tains,* ajoute le second manuscrit attribué à Goya, déterraient sans doute
à son insu les sacs qu'il enfouissait.

M. Burty, qui possède de cette pièce un premier état extrêmement curieux, avant l'inscription et avant le numéro, fait observer que dans les épreuves postérieures le visage de la camériste est retravaillé à la pointe et sensiblement modifié : sa coiffure diffère notablement, de même que la chevelure de la jeune femme, qui, de blonde qu'elle était, est devenue brune dans le deuxième état. Nous remarquons encore que, dans l'épreuve de M. Burty, le bras droit de la jeune femme, toute la partie inférieure de sa robe, le vase et le bassin posés à terre, sont entièrement couverts d'aqua-tinte enlevée au brunissoir dans l'état postérieur.

« — Et elle fait très-bien, pour que Dieu lui donne la fortune et la préserve du mal, des chirurgiens et des alguazils, et qu'elle arrive à être aussi futée, aussi dégagée et aussi dévouée au bonheur de tous que le fut sa mère... Dieu l'ait reçue en son paradis ! »

32. N° 32 de la série. — *Porque fue sensible.* (Pour avoir été sensible.)

Dans un cachot qu'éclaire une lanterne suspendue à la voûte, une jeune femme assise paraît s'abîmer dans de tristes réflexions.

Dim. : hauteur, 175 mill.; larg., 118 mill.

Une épreuve de cette pièce, avant l'inscription et avant le numéro, fait partie de la collection de M. Burty.

« — Et comment cela? C'est que ce monde-là a ses hauts et ses bas, et la vie qu'elle menait ne la pouvait conduire autre part [1]. »

33. N° 33 de la série. — *A el conde Palatino.* (Au comte Palatin.)

Un charlatan, vêtu d'un magnifique costume, vient d'arracher une dent à un patient, qui vomit le sang; il en tient un second entre ses mains, tandis qu'à droite un troisième paraît tombé dans la plus profonde prostration.

Dim. : haut., 180 mill.; larg., 120 mill.

« — Chaque science a ses charlatans, qui, sans avoir jamais étudié une ligne, savent tout et trouvent remède à tout mal. Gardez-vous d'ajouter foi à ce qu'ils annoncent. Le vrai savant

1. Voir, sur le sujet traité dans cette planche, la note de l'*anonyme.*

doute toujours du succès ; il promet peu et tient beaucoup,
tandis que le comte Palatin ne tient rien de ce qu'il promet [1]. »

34. N° 34 de la série. — *Las rinde el sueno.* (Elles sont rendues de
sommeil.)

Dans un cachot, quatre prisonnières s'endorment dans des attitudes diverses.

Dim. : haut., 188 mill. : larg., 136 mill.

« — Qu'on ne les réveille pas ! Le sommeil est peut-être l'u-
nique bonheur des misérables. »

35. N° 35 de la série. — *Le descañona.* (Elle l'écorche.)

Un jeune homme, les épaules couvertes d'un peignoir brodé,
se fait raser et attifer par une jeune femme qu'il regarde ten-
drement. Dans le fond, une suivante portant un bassin et un
autre personnage semblent rire de cette scène.

Dim. : haut., 192 mill. ; larg., 133 mill.

« — Elles le rasent..., elles l'écorchent. C'est sa faute, puisqu'il
s'est confié aux mains de pareils barbiers. »

36. N° 36 de la série. — *Mala noche.* (Mauvaise nuit [2].)

Deux femmes traversent un endroit désert par une nuit
affreuse. L'une a ses vêtements violemment relevés par le vent ;
l'autre, une sage-femme probablement, porte un paquet blanc
qui pourrait bien cacher quelque nouveau-né enveloppé de ses
langes.

Dim. : haut., 188 mill.; larg., 132 mill.

« — A ces inconvénients-là s'exposent les demoiselles légères
qui ne veulent pas rester au logis. »

37. N° 37 de la série. — *Si sabra mas el discipulo !* (L'élève en saura-
t-il plus que le maître ?)

Un âne, armé d'une férule, enseigne gravement l'alphabet à
des ânons.

1. Selon toutes les apparences, ce serait le ministre Urquijo qu'il faudrait voir dans ce charlatan. Urquijo, qui partagea le pouvoir avec le
marquis Caballero après la chute de Jovellanos (1798), fut, comme son
collègue, profondément antipathique aux hommes à idées libérales. (Voir
la note de l'*anonyme.*)

2. Épigraphe empruntée au proverbe espagnol : *Mala noche y parir hija*
(littéralement : Mauvaise nuit et accoucher d'une fille... !), qui a exacte-
ment le sens de : Beaucoup de bruit pour rien. (Voir la note de l'*anonyme.*)

Dim. : haut., 185 mill. ; larg., 122 mill.

« — On ignore s'il en sait plus ou moins, mais ce qui est certain, c'est que le maître est le plus grave personnage que l'on ait pu se procurer [1]. »

Nota. — Une copie de cette pièce, à peu près de la grandeur de l'original, a été exécutée, mais au burin seulement, par nous ne savons quel graveur espagnol. Cette copie, assez faible, date du commencement de ce siècle : elle porte ce titre en haut de la pièce : « El burro maestro », et huit vers en espagnol dans la marge du bas.

38. N° 38 de la série. — *Brabisimo !* (Bravissimo !)

Un âne assis écoute et paraît apprécier en mélomane la musique dont le régale un singe qui pince de la guitare.

Dim. : haut., 182 mill.; larg., 130 mill.

« — S'il suffit d'avoir des oreilles pour comprendre, il n'y a pas plus intelligent... mais il est à craindre qu'il n'applaudisse de préférence ce qui précisément n'est pas harmonique [2]. »

39. N° 39. — *Asta su abuelo.* (Jusqu'à son aïeul.)

Un âne feuillette un livre où sont gravés les portraits d'une longue suite de ses pareils.

Dim. : haut., 199 mill ; larg., 138 mill.

« — Ce pauvre animal !... Les généalogistes et les rois d'armes lui ont troublé la cervelle... et il n'est pas le seul [3]. »

---

1. Il s'agirait ici, au dire du manuscrit que nous avons reproduit en note, du prince de la Paix recevant d'un vieux commis des affaires étrangères sa première éducation politique.

2. L'âne, ici, c'est le roi Charles IV, et le virtuose, son ministre le prince de la Paix. Goya se sert fort spirituellement d'un bruit, probablement ridicule, qui courait alors Madrid, pour masquer en partie la hardiesse de son allusion : on prétendait que le prince de la Paix, aux premiers temps de sa faveur, régalait fort souvent leurs Majestés, le soir, dans l'intimité, de concerts dont il faisait tous les frais, chantant des séguidilles en s'accompagnant de la guitare. Ce qu'il y a de vrai, c'est que D. Manuel Godoy se défend sérieusement d'avoir employé ces séductions musicales, et on n'a qu'à lire pour s'en assurer le tome 1er de ses Mémoires, ch. XVII, XVIII et XIX de l'édition espagnole. Paris. Lecointe et Lasserre.

3. Encore une épigramme à l'adresse du prince de la Paix, à qui de maladroits flatteurs se hâtèrent de forger une ridicule généalogie (voir la note de l'*anonyme*). Godoy a repoussé lui-même toute participation à cette généalogie qui le faisait descendre des rois goths (voir ch. XI du tome 1er de ses Mémoires).

40. N° 40 de la série. — *De qué mal morira?* (De quelle maladie mourra-t-il?)

Un âne tâtant le pouls à un moribond. Il porte à son sabot l'anneau d'investiture qui distinguait alors les docteurs reçus à exercer.

Dim. : haut., 182 mill. ; larg., 130 mill.

Cette planche a été agrandie de près de 6 millimètres en hauteur. On la trouve ainsi dès les premiers tirages.

« — Excellent est le médecin, méditatif, réfléchi, posé, sérieux… que peut-on demander de plus [1]? »

Nota. — Cette pièce a été copiée par un graveur espagnol du commencement de ce siècle, partie au burin, partie à l'eauforte, mais sans mélange d'aqua-tinte. Cette copie est sans mérite aucun, elle porte pour titre : *El asno medico*; il y a trois vers en espagnol dans la marge inférieure.

41. N° 41 de la série. — *Ni mas ni menos.* (Ni plus ni moins.)

Un singe fait le portrait d'un âne qui pose et se trouve transformé sur la toile en un grave et majestueux baudet portant perruque.

Dim. : haut., 176 mill. ; larg., 129 mill.

« — Il fait bien de se faire peindre. Après cela du moins quiconque ne l'aura ni vu ni connu pourra savoir ce qu'il est [2]. »

42. N° 42 de la série. — *Tu que no puedes.* (Toi qui n'en peux mais.)

Deux hommes harassés portent sur leurs épaules deux ânes énormes.

Dim. : haut., 188 mill. ; larg., 121 mill.

« — Qui ne dira que ces deux cavaliers sont des montures [3]? »

---

1. L'auteur anonyme de la note reproduite veut voir dans ce personnage le médecin Galinsoya, attaché au prince de la Paix. Peut-être conviendrait-il plus justement d'y voir Godoy lui-même, gouvernant l'Espagne. « *Inutile de demander,* dit le second manuscrit attribué à Goya, *de quel mal mourra ce malade qui a mis sa confiance dans des médecins non moins stupides qu'ignorants.* »

2. Le peintre, c'est D. Antonio Carnicero, et le portrait, celui du prince de la Paix. Le second manuscrit attribué à Goya commente ainsi cette pièce : Un animal qui se fait peindre n'en reste pas moins un animal, quand même, dans son image, il porterait perruque et rabat, et l'eût-on doté de toute la gravité imaginable.

3. Un proverbe espagnol dit : « Tu que nos puedes, llevame à cuestas »,

43. N° 43 de la série. — *El sueño de la razon produce monstruos.* (Le sommeil de la raison enfante parfois des monstres.)

Sorte de frontispice où le peintre s'est représenté endormi. Autour de lui voltigent des chauves-souris, des chouettes, des hiboux. L'un de ces oiseaux lui présente un crayon, comme pour inviter l'artiste à reproduire ses rêves.

Dim. : haut., 180 mill.; larg., 121 mill.

« — La fantaisie, sans la raison, produit des monstruosités; unies, elles enfantent les vrais artistes et créent des merveilles [1]. »

44. N° 44 de la série. — *Hilan delgado.* (Elles filent fin.)

Les trois Parques sous les traits de trois affreuses vieilles.

Dim. : haut., 188 mill.; larg., 128 mill.

« — Oh! oui, elles filent fin, et la trame qu'elles ourdissent, le diable lui-même ne la saurait défaire. »

45. N° 45 de la série. — *Mucho hay que chupar.* (Il y a gras.)

Trois horribles sorcières échangent ces paroles en prenant une prise. A leurs pieds un panier est tout rempli d'enfants nouveau-nés destinés à quelque festin diabolique.

Dim. : haut., 182 mill.; larg., 124 mill.

« — Celles qui atteignent quatre-vingts ans ont droit à de tout petits enfants, celles qui ne dépassent pas dix-huit ans ont droit à de plus grands. La destinée de l'homme serait-elle donc qu'il naisse et vive pour leur servir de pâture? »

46. N° 46 de la série. — *Correccion.* (Pénitence.)

Réunion de sorciers et de sorcières exécutant quelque pénitence.

« toi qui n'en peux mais, porte-moi sur tes épaules. » (Voir sur le sens de cette planche la note de l'*anonyme*.) Le texte espagnol du commentaire dit littéralement : « Quien no dira que estos dos caballeros son caballerias », et il nous semble que Goya, à l'aide d'un jeu de mots, fait allusion au ministre Caballero qui supplanta, en 1798, l'ami de Goya, Jovellanos, dont la chute fut fort mal accueillie des artistes, des littérateurs et du parti libéral, dont il représentait les idées. Le second cavalier pourrait alors être Urquijo qui partagea un moment le ministère avec le marquis Caballero et qui ne fut rien moins que sympathique à l'artiste.

1. Le dessin original de cette pièce qui fait partie de la collection Carderera porte la date de 1797.

Dim. : haut., 191 mill. ; larg., 129 mill.

« — Sans les punitions et les censures on n'avancerait à rien dans aucune faculté ; dans la sorcellerie, plus particulièrement, il est besoin de talents, d'application, de cette maturité que donne l'âge, et surtout de soumission et de docilité aux conseils du grand sorcier qui dirige le séminaire de Barahona. »

47. N° 47 de la série. — *Obsequio al maestro*. (Offrande au maître.)

Groupe de sorcières prosternées dans des attitudes diverses : l'une d'elles offre au maître un enfant nouveau-né.

Dim. : haut., 183 mill. ; larg. 127 mill.

« — Rien de mieux : elles seraient élèves bien ingrates si elles ne venaient rendre hommage à un professeur à qui elles doivent tout ce qu'elles ont appris en science diabolique. »

48. N° 48 de la série. — *Soplones*[1]. (Les souffleurs.)

---

[1]. Le mot *Soplones* a aussi en espagnol le sens de mouchards, de délateurs. Or, il est facile de voir par le commentaire que Goya donne de sa planche que le jeu de mots est intentionnel. Comme le fait fort justement remarquer l'anonyme contemporain de l'artiste, une grande partie des planches de sorcellerie renferment, comme celle-ci, qui paraît être une satire contre la confession auriculaire, des allusions plus ou moins voilées, soit contre l'Église, ses cérémonies ou ses dogmes, soit contre les ordres monastiques que Goya prend fréquemment à partie. Et puisque nous abordons ici cette question, d'un si grand intérêt pour l'étude de son œuvre, des opinions religieuses de Goya, qu'il nous soit permis de faire observer que tout ce qui, dans cet œuvre, a trait non-seulement aux idées religieuses, mais encore à la politique, s'inspire profondément des doctrines philosophiques des auteurs de l'*Encyclopédie*. A la fin du XVIIIe siècle, un petit noyau d'hommes appartenant aux classes élevées ou lettrées se montrèrent, en Espagne, les fervents adeptes de cette école ; aussi, dans ces esprits ainsi préparés, la Révolution française et les grands principes qui en surgirent ne trouvèrent-ils que des admirateurs sincères et convaincus. Plus qu'aucun autre, Goya se fit l'écho passionné de ces principes. Ce rôle de l'artiste, propageant les idées de 89 en pleine Espagne monarchique, et se faisant l'apôtre de la déesse Raison en face de l'Inquisition, non plus, il est vrai, redoutable comme autrefois, mais debout encore, toujours influente, toujours puissante dans les conseils de la couronne, ce rôle nous semble unique et sans précédent dans l'histoire de l'art ; que si l'on veut bien considérer encore que la meilleure partie des semences jetées par Goya avec tant de verve et tant d'esprit ne devait pas tarder à germer et à s'affirmer dans l'œuvre des Cortès de 1812, l'on ne laissera pas d'admettre avec nous que ce même rôle prend des proportions presque grandioses. C'était d'ailleurs pour la première fois, en Espagne et ailleurs encore, que

Un démon ou sorcier, chevauchant un gros chat, va soufflant sur d'autres sorciers endormis et les réveille.

Dim. : haut., 187 mill. ; larg., 127 mill.

« — Les sorciers souffleurs sont les plus ennuyeux de tous et les moins intelligents dans l'art de la sorcellerie. S'ils savaient quelque chose, ils ne seraient pas souffleurs. »

49. Nº 49 de la série. — *Duendecitos*. (Revenants.)

Trois moines, ivrognes et gourmands, faisant ripaille.

Dim. : haut., 186 mill. ; larg., 130 mill.

« — Ceux-ci sont d'autre sorte : gais, amusants, serviables, peut-être un tant soit peu gloutons, et enclins à faire des niches, au demeurant de bons petits hommes de bien. »

50. Nº 50 de la série. — *Las Chinchillas* [1]. (Les Chinchillas.)

Deux nobles personnages cuirassés de blasons, les oreilles cadenassées, les yeux chargés de lourdes paupières, accablés, inertes, reçoivent leur nourriture d'un troisième personnage qui a les yeux bandés et porte de longues oreilles d'âne.

Dim. : haut., 173 mill. ; larg., 123 mill.

« — Celui qui n'entend rien, ne sait rien, ne voit rien, appartient à la nombreuse famille des Chinchillas qui n'a jamais été bonne à rien. »

51. Nº 51 de la série. — *Se repulen*. (Ils font leur toilette.)

Groupe de sorciers ou de démons ; l'un d'eux rogne avec des ciseaux les ongles ou mieux les griffes d'un autre démon.

Dim. : haut., 179 mill. ; larg., 127 mill.

« — C'est une chose si dangereuse d'avoir les ongles longs, que cela est défendu même dans la sorcellerie. »

52. Nº 52 de la série. — *Lo que puede un sastre*. (Ce que peut un tailleur [2].)

---

le burin de l'artiste devenait l'ardent émule de la plume et de la presse, cherchant à propager les naissantes idées de liberté et de libre pensée, s'en faisant le vulgarisateur parmi les masses et employant pour en pénétrer les couches l'arme terrible de la caricature.

1. Chinchillas, espèce de rats paresseux, qui, comme les marmottes, dorment prodigieusement.

Cette pièce est une satire contre l'aristocratie (voir la note de l'*anonyme*).

2. Cette planche est assurément l'une de celles où l'artiste a le plus hardiment exprimé son incrédulité religieuse, et cette fois sans grand souci de l'atténuer ou de la déguiser à l'aide de ses habiletés accoutumées. Ici,

Plusieurs dévots agenouillés adressent des prières à un tronc d'arbre revêtu d'un froc de moine.

Dim. : haut., 192 mill. ; larg., 123 mill.

« — Combien souvent une bestiole, une petite chose ridicule, ne se transforme-t-elle pas en un fantôme immense qui n'est pourtant rien sous des apparences énormes ! »

53. N° 53 de la série. — *Que pico de oro.* (Quel bec d'or [1].)

Un gros perroquet perché sur le rebord d'une chaire, une patte en l'air, prononce un discours qui charme un auditoire de dévots personnages.

Dim. : haut., 190 mill. ; larg., 136 mill.

« — Ceci ressemble quelque peu aux réunions académiques. Qui sait si ce perroquet ne parle pas médecine ? Que l'on n'aille pas toutefois l'en croire sur parole ! Il y a tel médecin qui, quand il parle, parle d'or, et lorsqu'il écrit une ordonnance, est quelque chose de plus qu'un Hérode [2]. Il discourt admirablement des maladies, mais ne les guérit pas. Enfin, s'il ébaubit son malade, il peuple en revanche les cimetières de cadavres. »

54. N° 54 de la série. — *El vergonzoso.* (Le ruffian.)

Un homme, dont le visage offre des traits obscènes, mange en cherchant à se dérober aux regards de deux curieux, dont l'un lui montre le poing.

Dim. : haut., 185 mill. ; larg., 119 mill.

Une épreuve d'essai de cette planche, avant la lettre et le numéro, existe dans la collection de M. Burty.

« — Il existe des hommes dont le visage est ce qu'il y a de plus indécent dans leur personne, et il serait bon que ceux-là cachassent leur ridicule et disgracieuse figure au fond de leurs chausses [3]. »

---

la déclaration est presque brutale. Le commentaire énergique que donne de cette pièce le second manuscrit attribué à Goya ne permet non plus aucun doute : « C'est pourtant la superstition qui fait que tout un peuple adore en tremblant un morceau de bois que pare un costume de saint ! »

1. Satire contre les prédicateurs ; le commentaire, par un artifice assez habituel à l'artiste, semble détourner malignement le véritable sens pour le rejeter sur ces orateurs à la parole aussi abondante que creuse qu'il croit avoir entendus dans les réunions académiques.

2. Un Hérode, locution employée quelquefois en Espagne pour dire un homme qui a fait répandre le sang, un ordonnateur de massacres.

3. En enveloppant le visage de son ruffian de la ceinture de son haut-de-

55. N° 55 de la série. — *Hasta la muerte*. (Jusqu'à la mort[1].)

Une coquette, mais vieille et décharnée, se regarde dans une glace en ajustant sur sa tête, déjà couverte d'une perruque, une coiffure de rubans. Deux jeunes courtisans feignent de s'extasier sur sa beauté, pendant qu'une cameriste tient un mouchoir pressé sur sa bouche pour ne pas éclater de rire.

Dim. : haut., 189 mill. ; larg., 131 mill.

« — Elle fait bien de se faire belle : c'est aujourd'hui son jour de naissance, elle accomplit ses soixante-quinze ans, et beaucoup de ses petites amies la viendront visiter. »

56. N° 56 de la série. — *Subir y bajar*. (Monter et descendre.)

Un satyre herculéen élève dans ses bras puissants un homme au costume chamarré de croix et de broderies, dont la tête et les mains jettent des flammes ; à terre, roulent foudroyés d'autres personnages.

Dim. : haut., 185 mill. ; larg., 128 mill.

« — La fortune traite très-mal qui lui fait la cour. Elle paye souvent en fumée la peine que l'on a prise en voulant s'élever ; et qui s'est une fois élevé, elle le châtie en le précipitant [2]. »

57. N° 57 de la série. — *La filiacion*. (La filiation.)

Une assemblée de personnages ridicules assiste à la rédaction des actes de fiançailles d'un nain affreux et d'une jeune femme à tête d'animal.

Dim. : haut., 187 mill. ; larg., 116 mill.

chausse, l'artiste a voulu, à ce qu'il nous semble, conspuer dans cette pièce quelques personnages du temps qui tirèrent leur principal revenu de leurs galanteries intéressées. Peut-être même faudrait-il y voir simplement une allusion au prince de la Paix et à l'origine de son élévation.

1. A en croire les indiscrétions de l'auteur *anonyme* de la note reproduite, la duchesse de Benavente serait la personne que Goya aurait prise dans cette pièce pour son prototype de la coquette surannée.

2. L'auteur anonyme de la note reproduite par nous pense qu'il s'agit dans cette pièce du ministre Urquijo ; mais le second manuscrit attribué à Goya déclare nettement que ce personnage triomphant est le prince de la Paix, élevé par la Luxure (figurée par le satyre) et lançant ses foudres contre les *bons ministres* qu'il a renversés. L'un de ces *bons ministres* serait alors *Jovellanos*, dont la chute fut très-sensible à tous les esprits libéraux d'alors et plus particulièrement encore à Goya, qu'il honorait de son amitié. Jovellanos, retiré à Gijon, sa ville natale, en fut enlevé secrètement une nuit, conduit à l'île Majorque et enfermé dans une chartreuse où on le garda assez étroitement jusqu'à la chute de Godoy. On l'avait accusé d'avoir aidé à répandre une traduction du *Contrat social*.

« — Il s'agit ici d'en faire accroire au fiancé en lui montrant, par ces parchemins, ce qu'ont été les pères, aïeuls, bisaïeuls et trisaïeuls de sa fiancée : et quant à ce qu'elle est, elle, il le verra bientôt. »

58. N° 58 de la série. — *Trágala, perro !* (Avale cela, chien !)

Un homme, à genoux et entouré de religieux de divers ordres qui paraissent se moquer de lui, fait un geste d'effroi en se voyant menacé par un moine armé d'une énorme seringue.

Dim. : haut., 188 mill. ; larg., 125 mill.

Une épreuve d'essai, avant la lettre et le numéro, existe dans la collection Carderera.

« — Celui qui est appelé à vivre entre les hommes sera seringué immanquablement. S'il veut l'éviter, il n'a qu'à s'en aller habiter au fond des forêts, et, quand il en sera là, il s'apercevra encore que ce genre de vie a aussi son côté seringuant [1]. »

59. N° 59 de la série. — *Y aun no se van !* (Et encore ils ne s'en vont pas !)

Des hommes nus, maigres, hâves, soutiennent à grand effort une énorme pierre qui est sur le point de retomber et va les écraser.

Dim. : haut., 193 mill. ; larg., 132 mill.

« — Celui qui ne se défie pas de l'instabilité de la fortune peut dormir tranquillement, quoique entouré de périls ; mais aussi il n'apprend pas à s'en préserver, et il n'est alors aucune disgrâce qui ne le surprenne [2]. »

---

1. Ce qu'a voulu dire Goya avec cette histoire de seringue n'est pas facile à préciser. S'attaque-t-il encore à quelque dogme religieux, ou ne s'agit-il simplement que de scandales monastiques ? Nous ne savons. L'autre manuscrit, auquel nous recourons dans l'espoir d'en tirer quelque lumière, n'est guère plus explicite que le bizarre commentaire dont nous avons donné la traduction. Il n'est question, dans cette autre clef, que de l'aventure d'un bonhomme que des moines, épris de sa femme, auraient malmené et tympanisé tout à leur aise, puis renvoyé à son logis le chef enchargé de quelque bel ornement de haute futaie semblable à celui dont est paré le monstre qu'on aperçoit au fond de l'estampe. Vraie ou supposée, l'histoire en question n'est certainement pas le dernier mot de ce que s'est proposé l'artiste lorsqu'il a gravé cette planche.

2. Cette symbolique et menaçante vision de Goya ne devait guère tarder à devenir une effrayante réalité. Quelque dix ans après la publication de cette planche, Charles IV, ses ministres et ses courtisans disparaissaient,

60. N° 60 de la série. — *Ensayos.* (Essais.)

Un bouc monstrueux préside aux essais d'un sorcier qui, aidé d'une sorcière, s'efforce de s'envoler.

Dim. : haut., 182 mill. ; larg., 123 mill.

« — Peu à peu il progressera; il fait déjà quelques petits bonds; avec le temps il en saura bientôt autant que sa maîtresse. »

61. N° 61 de la série. — *Volaverunt.* (Elles s'envolèrent.)

Une élégante jeune femme, dont la tête est ornée d'ailes de papillon, vole dans les airs, portée par un groupe de sorcières.

Dim. : haut., 18 > mill. ; larg., 128 mill.

« — Le groupe de sorcières qui sert de base à notre élégante est bien plutôt là pour l'ornement que par véritable nécessité. Il y a des têtes si pleines de gaz inflammable, qu'elles n'ont besoin pour s'envoler ni de ballons ni de sorcières [1]. »

62. N° 62 de la série. — *Quién le creyera ?* (Qui l'aurait cru?)

Deux sorcières, qu'excitent encore deux monstres fantastiques, roulent l'une sur l'autre, dans les airs, en se battant cruellement.

Dim. : haut., 185 mill. ; larg., 131 mill.

« — Voilà une lutte féroce à propos de qui des deux était la plus grande sorcière. Qui eût dit que la Petinosa et la Crespa se seraient battues ainsi ? L'amitié est fille de la vertu : les méchants peuvent bien être rapprochés un moment par la complicité, jamais ils ne seront des amis [2]. »

63. N° 63 de la série. — *Miren que graves.* (Voyez comme ils sont graves!)

Deux personnages à mine béate, l'un portant une tête d'oiseau, l'autre coiffé de larges oreilles d'âne, chevauchent gravement des animaux fantastiques.

écrasés sous les ruines d'une monarchie dont leurs mains débiles avaient été impuissantes à soutenir le fardeau.

1. Cette capricieuse et volage jeune dame dont la tête, à en croire Goya, fort suspect en ceci d'un peu d'humeur jalouse, était si pleine de gaz inflammable, ne serait autre que la belle duchesse d'Albe, son amie et sa protectrice. C'est du second manuscrit explicatif des *Caprices* que nous tirons ce renseignement.

2. Sont-ce deux grandes dames en rivalité d'amour ? Sont-ce deux puissances politiques, hier encore unies et aujourd'hui en lutte ouverte ? Cette planche reste pour nous une énigme quant à sa portée véritable.

Dim. : haut., 182 mill. ; larg., 120 mill. Signée Goya dans le terrain de gauche.

« — Cette estampe représente deux sorciers de haut parage sortis à cheval, pour faire un peu d'exercice [1]. »

64. N° 64 de la série. — *Buen viage.* (Bon voyage.)

Un démon emportant sur ses épaules un groupe de sorciers et de sorcières, qui poussent des clameurs, fend la nuit de ses larges ailes.

Dim. : haut., 186 mill. ; larg., 126 mill.

« — Où va donc, à travers les ténèbres, cette infernale cohorte qui fait retentir les airs de ses cris ? Encore si c'était de jour ?... alors ce serait autre chose ; à force de coups de fusil l'on pourrait faire tomber à terre toute cette cohue... ; mais il fait nuit, et personne ne les voit [2]. »

65. N° 65 de la série. — *Donde va mama ?* (Où va maman ?)

Une sorcière vieille et replète s'élève dans les airs portée par un groupe de démons, qu'un chat abrite sous un parasol.

Dim. ; haut., 180 mill. ; larg., 118 mill. Signé Goya au bas de la planche.

Une épreuve d'essai, avant le titre et le numéro, existe dans la collection Carderera.

« — Maman est hydropique, et on lui a ordonné la promenade. Dieu veuille qu'elle aille mieux ! »

66. N° 66 de la série. — *Allá va eso.* (Ceci va par là.)

Une sorcière, un démon et un chat, cramponnés à une béquille, traversent les airs.

Dim. : haut., 184 mill. ; larg., 122 mill.

Une épreuve d'essai, avant la légende et le n°, existe dans la collection Carderera.

---

1. Le second manuscrit attribué à Goya nous donne clairement l'explication de cette satirique cavalcade : « De ces deux personnages qui chevauchent des monstres, moitié ours et moitié ânes. l'un est brave, mais voleur, et l'autre est aussi brutal que généreux. Ainsi sont faits les rois et les premiers ministres des nations, ce qui n'empêche pas que le peuple crie du plus loin qu'il peut après eux pour qu'ils le gouvernent. »

2. Cette pièce, ainsi que la plupart des scènes de sorcellerie, renferme des allusions satiriques, les unes transparentes, les autres absolument indéchiffrables. contre l'Église, ses dogmes, ses mystères, et surtout contre les ordres religieux. Voir à ce sujet la note empruntée à un manuscrit contemporain de Goya.

« — Ici, c'est une sorcière chevauchant en compagnie du diable boiteux. Ce pauvre diable, dont tout le monde se moque, ne laisse pas cependant d'être parfois utile. »

67. N° 67 de la série. — *Aguarda que te unten.* (Attends donc que tu sois oint.)

Un démon et une sorcière transforment en bouc une créature humaine dont un pied seulement, que retient le démon, n'a pas encore subi la métamorphose.

Dim. : 187 mill. ; larg., 129 mill.

« — On l'envoie accomplir une mission importante et il veut partir à moitié oint. La sorcellerie compte aussi ses étourdis, ses brouillons, ses têtes sans cervelle et sans le moindre grain de bon sens : cela se trouve partout. »

68. N° 68 de la série. — *Linda maestra !* (Jolie maîtresse !)

Deux sorcières, l'une vieille et décharnée, l'autre jeune et jolie, se rendent au sabbat à cheval sur un balai ; un hibou plane au-dessus d'elles.

Dim. : haut., 183 mill. ; larg., 122 mill. Signée Goya dans le terrain de gauche.

« — Le balai est un instrument éminemment nécessaire aux sorcières ; car, indépendamment d'être toutes grandes balayeuses, ainsi qu'il appert de maintes histoires, elles le peuvent transformer en mule de promenade et s'en aller, sur cette monture, si vite, que le diable ne les peut dépasser. »

69. N° 69 de la série. — *Sopla !* (Souffle!)

Une vieille sorcière tenant un enfant dont elle se sert en guise de soufflet excite la flamme d'un réchaud dans lequel brûlent des os humains. Des sorciers et sorcières, accroupis ou volant dans les airs, regardent cette scène.

Dim. : haut., 174 mill. ; larg., 113 mill. Pièce signée Goya au bas de la planche à gauche.

« — La pêche aux petits enfants aura sans doute été fructueuse la nuit précédente : le banquet qui se prépare sera somptueux. Bon appétit ! »

70. N° 70 de la série. — *Devota profession.* (Profession de foi.)

Une femme portant des ailerons à la place d'oreilles, à califourchon sur un démon à pieds de bouc et à oreilles d'âne, prête, d'un air béat, un serment sur un livre que tiennent, à

l'aide de tenailles, deux personnages à oreilles de baudet, mitrés
de hauts bonnets pointus et revêtus de longues chapes. Au-dessous de ce groupe, deux hommes apparaissent, nageant pénible-
ment pour atteindre la rive.

Dim. haut., 185 mill.; larg. 124 mill. Signée Goya au bas
de la partie gauche de la planche.

« — Tu jures obéissance et respect à tes maîtresses et à tes
supérieures, tu jures de balayer les galetas, de filer de l'étoupe,
de jouer du tambour de basque, de hurler, crier, voler, cuisiner,
oindre, sucer, cuire, souffler, frire quantes et chaque fois que
l'on te l'ordonnera ? — Je le jure. — Alors, ma fille, te voilà sorcière : sois donc la bienvenue [1]. »

71. N° 71 de la série. — *Si amanece, nos vamos.* (Si le jour arrive,
allons-nous-en.)

Groupe de sorciers et de sorcières assis ou accroupis ; l'un
d'eux indique de son bras levé un coin du ciel tout piqué d'é-
toiles.

Dim. : haut., 172 mill. ; larg., 126 mill.

« — Et si vous n'étiez pas venus du tout, ce n'eût pas été au-
trement regrettable [2]. »

72. N° 72 de la série. — *No te escaparas.* (Tu ne t'échapperas pas.)

Une jeune femme que poursuivent des oiseaux à tête humaine
fuit en souriant.

Dim. : haut., 183 mill. ; larg., 135 mill.

« — Jamais ne s'échappe qui a le désir de se laisser prendre. »

73. N° 73 de la série. — *Mejor es holgar ?* (Ne vaut-il pas mieux ne
rien faire ?)

Un homme assis tient sur ses bras un écheveau de fil que pe-
lotonne une femme debout devant lui. Au fond une vieille femme
file.

1. L'auteur *anonyme* du document que nous avons reproduit *in extenso*
donne à cette planche une portée qui nous semble être complétement en
harmonie avec ce que nous savons de Goya et de ses croyances religieuses.
Nous relevons dans un second manuscrit, à propos des deux personnages
mitrés, une particularité qu'il nous a paru intéressant de reproduire :
« Ces deux hommes, sortis du néant et redevables de leur élévation à
l'ignorance et à la luxure, sont arrivés à la dignité épiscopale à force de
tenailler les livres saints. »

2. Voir, pour l'explication donnée à cette pièce, la note de l'*anonyme*.

Dim. : haut., 190 mill.; larg., 129 mill.

« — Celui qui travaille le plus jouit le moins. Il a raison, mieux vaut ne rien faire. »

74. N° 74 de la série. — *No grites, tonta.* (Ne crie pas, sotte.)

Une jeune femme est effrayée à la vue de deux moines qui se présentent soudain devant elle.

Dim. : haut., 127 mill.; larg., 126 mill.

« — Pauvre Paquilla qui, en allant à la recherche du laquais, rencontre le revenant. Mais elle n'a rien à craindre ; il est facile de voir que Martinico est de joyeuse humeur et qu'il ne lui fera pas de mal. »

75. N° 75 de la série. — *No hay quien nos desate?* (N'y a-t-il personne qui nous délie ?)

Un homme et une femme, fortement attachés l'un à l'autre, s'efforcent en vain de rompre leurs liens. Sur leurs têtes un oiseau de nuit étend ses ailes.

Dim. : haut., 192 mill. ; larg., 139 mill.

« — Un homme et une femme attachés par une corde, s'efforçant de la délier et criant qu'on les détache bien vite... ou je me trompe fort, ou ce sont là deux mariés malgré eux. »

76. N° 76 de la série. — *Está V. M...? pues, como digo... eh! cuidado! sino!...* (Vous y êtes ? donc, je disais... eh! attention ! sinon... !)

Un personnage ridicule, en costume de général, raconte quelque récit stupide à de malheureux infirmes.

Dim. : haut., 121 mill.; larg., 130 mill.

« — La cocarde et la canne font croire à ce fanfaron qu'il est de nature supérieure, et il abuse de l'autorité qui lui est confiée pour ennuyer tous ceux qui le connaissent. Autant il est superbe, insolent et vain avec ses inférieurs, autant il se montre vil et rampant avec ses supérieurs [1]. »

77. N° 77 de la série. — *Unos a otros.* (Les uns aux autres.)

Deux personnages très-vieux, si vieux que leurs masques décharnés portent déjà l'empreinte de la mort, jouent, montés sur les épaules de deux autres vieillards, à un jeu qui simule les

---

1. Au sujet du personnage représenté dans cette pièce, voir la note de l'anonyme.

courses de;taureaux, et cherchent à piquer de la lance un mane-
quin armé de cornes que porte un cinquième bonhomme aussi
décrépit que ses assaillants.

Dim. : haut., 171 mill. ; larg., 132 mill.

« — Ainsi va le monde : l'on se moque, l'on se joue les uns
des autres; celui qui hier était le taureau fait aujourd'hui le
caballero en plaza, le *picador*. La fortune préside à la fête et dis-
tribue les rôles au gré de ses caprices. »

78. N° 78 de la série. — *Despacha, que despiertan.* (Dépêche, ils se
réveillent.)

Une vieille femme balaye, un homme récure un plat, un
autre souffle le feu : tous trois sont vêtus de costumes monastiques.

Dim. : haut., 188 mill. ; larg., 135 mill.

« Les revenants sont bien la gent la plus travailleuse et la
plus serviable que l'on puisse rencontrer. Que seulement la ser-
vante soit aimable avec eux et ils écumeront le pot, éplucheront
les légumes, feront les fritures, balayeront et feront faire l'enfant. On a beaucoup discuté s'ils sont démons ou non. Détrom_
pez-vous, les démons sont ceux qui s'occupent à faire le mal,
à empêcher de le faire, ou encore à ne rien faire du tout. »

79. N° 79 de la série. — *Nadie nos ha visto.* (Personne ne nous a
vus.

Cinq moines, dans une cave, vident de larges verres remplis
de vin.

Dim. : haut., 175 mill. ; larg., 135 mill.

— Et qu'importe, après tout, que les martinicos soient des-
cendus à la cave et boivent un coup, s'ils ont bien travaillé
toute la nuit et si la batterie de cuisine reluit comme de l'or ! »

80. N° 80 de la série. — *Ya es hora.* (Maintenant c'est l'heure...)

Quatre moines s'éveillant bâillent et crient ces paroles.

Dim. : haut., 194 mil. ; larg., 135 mill.

« — Aussitôt que le jour paraît, chacun s'enfuit de son côté,
sorcières, revenants, visions, fantômes. C'est chose singulière
que cette engeance ne veuille se laisser voir que de nuit et
dans les ténèbres. Personne ne peut savoir où ils s'enferment et
se cachent durant le jour. Quiconque serait assez heureux pour
découvrir un terrier de revenants, pour s'en emparer et le mon-

trer, dans une cage, à dix heures du matin, à la Puerta del Sol,
pourrait, après cela, se passer fort bien d'hériter un majorat [1]. »

CAPRICES RESTÉS INÉDITS.

Nᵒˢ 81 à 82.

81. Une jeune femme, demi nue, et dont le corps s'appuie nonchala-
lamment sur les autres personnages, présente deux jolis visages
que surmontent de gracieuses ailes de papillon. Un homme, à
l'air désolé, a saisi l'une des mains de la double sirène et il la presse
d'un geste passion nécontre sa poitrine ; l'autre main est retenue
par une seconde femme, aussi au double visage, mais dur et
faux. Couchée ventre à terre, une sorcière, démon ou goule, pro-
jette en avant du groupe son buste hideux. Sa tête, qu'elle soutient de ses deux bras appuyés au sol, offre deux grandes cavités
à la place des yeux. Ce masque affreux semble regarder railleu-
sement un serpent qui fascine et va engloutir une proie, sorte de
grenouille ou de crapeau à tête d'oiseau plumé. Derrière ce
groupe, debout, un doigt posé sur ses lèvres, une femme semble
recommander le silence. Dans l'éloignement se dresse une ci-
tadelle.

Eau-forte mêlée d'aqua-tinte.

Dim. : haut., 218 mill. ; larg., 158 mill.

Le dessin original porte ce titre écrit de la main de Goya :
Sueño de la mentira y inconstancia. (Rêve du mensonge et de l'in-
constance.)

Une épreuve, très-probablement unique, de cette obscure allégorie existe dans la collection Carderera. Au revers de cette pièce
est tirée la suivante.

82. Une vieille dame se lamente, une jeune s'arrache les cheveux,

---

1. Voir la note de l'*anonyme*.

et une camériste lève les bras au ciel ; sur le devant, et vu presque de dos, un homme, un médecin sans doute, assis à terre,
cherche à faire avaler quelque drogue à un petit chien qui ouvre
la gueule [1].

Eau-forte mêlée d'aqua-tinte.

Dim. : haut., 220 mill. ; larg., 150 mill.

1. Ces deux pièces ont été composées par Goya pour la duchesse d'Albe.
Elles ont sûrement trait à certains incidents de leur liaison, auxquels
Goya ne jugea pas à propos d'initier ses contemporains.

LA TAUROMACHIE

La *Tauromachie*, suite de trente-trois pièces numérotées en haut, à droite de la planche, est exécutée, comme la série des *Caprices*, à l'eau-forte relevée d'aqua-tinte. Elle a été gravée partie en 1815, comme le constatent les planches n°s 19, 28, et 31, les seules que Goya ait pris soin de dater, et partie dans les années précédentes, ainsi qu'il est facile de s'en rendre compte par les différences si tranchées qu'offre l'exécution de ces trente-trois pièces. Pour nous, du moins, ce point ne fait pas doute : il y a deux manières dans la *Tauro-machie*, et les planches numérotées de 1 à 12, par exemple, nous paraissent différer de celles numérotées 19, 23, 27, 28, 31 et 32, pour ne citer que les plus saillantes, aussi bien par le procédé et la conduite de la pointe que par le mode de composition et par le dessin.

Le tirage de la première édition de la *Tauromachie*, opéré très-certainement sous les yeux et peut-être même par les mains de l'artiste, resta très-longtemps enfoui dans sa famille. Quelques rares exemplaires seulement furent mis en vente, à Madrid, chez un marchand allemand, et ce ne fut en réalité qu'après la mort du fils de Goya que l'édition apparut.

Nous ne saurions déterminer, même approximativement, de combien d'exemplaires se composait ce premier et superbe tirage, obtenu sur un papier fort, non collé, qui laisse voir facilement ses vergeures, ses pontuseaux et les marques des fabricants [1]. Nous pouvons toutefois assurer que le nombre en dut être assez restreint ; aussi, le haut prix que quelques-uns de ces exemplaires ont atteint dans quelques ventes faites à Paris marque-t-il justement que les amateurs apprécient cette série, comme l'une des plus curieuses de l'œuvre et comme une rareté difficile, même en Espagne, à rencontrer aujourd'hui en bel état [2].

La deuxième édition, qui ne date que de 1855, est l'œuvre de la Chalcographie de Madrid ; elle se vend cartonnée avec le portrait de Goya, qui est en tête des *Caprices*, imprimé sur la couverture, et porte ce titre nouveau : « Coleccion de las diferentes suertes y actitudes del arte de lidiar los toros, inventadas y grabadas al agua fuerte por Goya. Madrid, 1855. » Et plus bas : « Estampado en la Calcografia de la imprenta nacional. » Au revers de la couverture est gravé le texte des sujets représentés dans chaque planche, texte qui, dans la première édition, était imprimé sur une feuille séparée portant ce titre : « Treinta y tres estampas que representan diferentes suertes y actitudes del arte de lidiar los toros, inventadas y grabadas al agua fuerte en Madrid por Don Francisco de Goya y Lucientes. »

Cette deuxième édition, tirée sur un papier de coton, très-blanc, est, surtout dans les récents exemplaires, d'une exécution qui laisse vivement à désirer. Une planche gravée à l'aqua-tinte ne saurait souffrir de nombreux tirages, et l'on aura sans doute demandé aux cuivres de la *Tauromachie* plus qu'ils ne pouvaient donner. Du reste, ces cuivres existent enocre, et il n'y a pas fort longtemps qu'on les offrait à ven-

---

1. Les marques des papiers de ce premier tirage sont les suivantes : *Serra, Morato, Nolo* ; presque toutes les épreuves d'essai sont sur papier offrant la première et a seconde de ces marques ; la troisième se rencontre sur des épreuves après le numéro.

2. Vente His de la Salle, un exemplaire cartonné, 306 fr. ; vente F. Villot, exemplaire broché, 225 fr. ; vente Solar, un bel exemplaire demi-reliure maroquin rouge, tranche dorée, 316 fr.

dre. Veuille Dieu qu'un éditeur nouveau n'ait pas l'idée de les envoyer une troisième fois sous la presse [1] !

Nous connaissons jusqu'à trois états des planches de la *Tauromachie*.

Le premier état est l'essai d'eau-forte pure, sans mélange d'aqua-tinte.

Le deuxième état présente le mélange d'eau-forte et d'aqua-tinte, mais le numéro de série n'est pas gravé en haut de la planche, à droite.

Le troisième état, enfin, est après ce numéro gravé.

En dehors de ces trois états, nous connaissons encore quelques rarissimes épreuves d'essai, avant certains travaux de pointe sèche, qui se placeraient entre le deuxième et le troisième état, et que nous décrirons à leur numéro de série.

83. N° 1 de la série. — *Modo con que los antiguos Españoles cazaban los toros á caballo en el campo.* (Mode des anciens Espagnols de chasser le taureau, à cheval, dans la campagne.)

Une épreuve du 1er état (eau-forte pure). Coll. Carderera.

84. N° 2 de la série. — *Otro modo de cazar á pié.* (Autre mode de chasser à pied.)

Une épreuve du 1er état. Coll. Carderera.

85. N° 3 de la série. — *Los Moros establecidos en España, prescindiendo de las supersticiones de su Alcoran, adoptaron esta caza y arte y lancean un toro en el campo.* (Les Maures établis en Es-

---

1. Nos craintes ne se sont point réalisées. Les cuivres de Goya, acquis par un éditeur intelligent, Loizelet, 12, rue des Beaux-Arts, ont, après avoir été soigneusement nettoyés, fourni d'excellentes épreuves réunies et mises en vente sous le titre suivant : « *La Taureaumachie* (sic), *recueil de quarante estampes inventées et gravées à l'eau-forte par don Francisco Goya y Luciéntés.* » Paris, Loizelet, s. d. Ce recueil est accompagné d'un titre, servant de couverture, gravé à l'eau-forte par E. Loizelet, et d'une table descriptive des quarante planches qu'il renferme.

Les sept planches ajoutées à la suite des trente-trois planches formant la série ordinaire de la *Tauromachie* sont celles que nous décrivons comme *inédites* sous les n°³ 116 à 122.

pagne, éludant les principes de l'Alcoran, adoptent cet art de chasser le taureau et de le lancer en pleine campagne.)

Nous pouvons citer deux épreuves du 1er état de cette planche : l'une fait partie de la collection Carderera, et nous possédons la seconde tirée sur papier au filigrane : Serra.

86. N° 4 de la série. — *Capean otro encerrado.* (Ils capent un autre taureau dans une lice fermée.)

87. N° 5 de la série. — *El animoso Moro Gazul es el primero que lanceó toros en regla.* (Le courageux Maure Gazul fut le premier qui combattit les taureaux selon les règles de l'art.)

M. Ph. Burty (*Gazette des Beaux-Arts*, septembre 1863) signale de cette pièce une épreuve d'eau-forte pure dans la collection de M. Galichon.

88. N° 6 de la série. — *Los Moros hacen otro capeo en plaza con su albornoz.* (Les Maures imitent le jeu de la cape, dans la place, avec leur bournous.)

Une épreuve du 1er état, collection Carderera. M. Ph. Burty en signale une seconde dans la collection de M. Galichon.

89. N° 7 de la série. — *Origen de los arpones ó banderillas.* (Origine des harpons ou banderilles.)

90. N° 8 de la série. — *Cogida de un Moro estando en la plaza.* (Un Maure est assailli par un taureau dans la place.)

91. N° 9 de la série. — *Un caballero español mata un toro despues de haber perdido el caballo.* (Un chevalier espagnol tue le taureau après avoir perdu son cheval.)

92. N° 10 de la série. — *Carlos V lanceando un toro en la plaza de Valladolid.* (Charles-Quint lançant un taureau dans la place de Valladolid.)

Épr. du 1er état dans notre collection.

93. N° 11 de la série. — *El Cid Campeador lanceando otro toro.* (Le Cid Campeador frappant de sa lance un taureau.)

Épr. du 1er état dans notre collection.

94. N° 12 de la série. — *Desjarrete de la canalla con lanzas, medias-lunas, banderillas y otras armas.* (La populace coupant les jarrets d'un taureau avec des lances, des demi-lunes, des banderilles et autres armes.)

Épr. du 1er état. Coll. Carderera.

95. N° 13 de la série. — *Un caballero español en plaza quebrando re-*

joncillos sin auxilio de los chulos. (Cavalier espagnol, en plaza, brisant des banderilles sans le secours des chulos [1].)

M. Ph. Burty signale une épreuve d'eau-forte pure avant les travaux de pointe sèche sur la cuisse du taureau. Coll. de M. Galichon.

96. N° 14 de la série. — *El diestrisimo estudiante de Falces, embozado, burla el toro con sus quiebros.* (L'habile étudiant de Falces, enveloppé de sa cape, se joue du taureau en faisant de brusques écarts.)

97. N° 15 de la série. — *El famoso Martincho poniendo banderillas al quiebro.* (Le fameux Martincho posant les banderilles en donnant le quiebro.)

98. N° 16 de la série. — *El mismo vuelca un toro en la plaza de Madrid.* (Le même Martincho fait se culbuter un taureau dans la place de Madrid.)

M. Ph. Burty possède de cette pièce une épreuve d'eau-forte pure.

99. N° 17 de la série. — *Palenque de los Moros hecho con burros para defenderse deltoro embolado.* (Les Maures se servant d'ânes, comme rempart, contre un taureau dont les cornes sont garnies de boules.)

Épr. du 1er état dans notre collection.

100. N° 18 de la série. — *Temeridad de Martincho en la plaza de Zaragoza.* (Témérité de Martincho dans la place de Saragosse.)

De ce même sujet, Goya a gravé une planche qui n'a pas été publiée ; nous la décrivons sous le n° 122 des pièces inédites de la *Tauromachie.*

101. N° 19 de la série. — *Otra locura suya en la misma plaza.* (Autre folie de Martincho dans la même place.)

M. Burty, qui possède de cette planche une épreuve du 2e état, en signale une autre, mais d'eau-forte pure, dans la collection de M. Galichon. Cette dernière est, en outre, avant beaucoup de travaux de pointe sèche sur le chapeau et la cape de l'un des des spectateurs placés à droite.

102. N° 20 de la série. — *Ligereza y atrevimiento de Juanito Apiñani*

---

1. Le cavalier *en plaza* était le plus souvent un grand seigneur, courant le taureau en *aficionado*, en amateur, dans les courses de gala.

en la plaza de Madrid. (Légèreté et adresse de Juanito Apiñani
dans la place de Madrid.)

103. N° 21 de la série. — *Desgracias acaecidas en el tendido de la
plaza de Madrid y muerte del alcade de Torrejon.* (Malheurs arrivés dans les gradins de la place de Madrid et mort de l'alcade de
Torrejon.)

104. N° 22 de la série. — *Valor varonil de la célèbre Pajuelera en la
plaza de Zaragoza.* (Mâle valeur de la célèbre Pajuelera dans la
place de Saragosse.)

Épr. d'eau forte pure (1ᵉʳ état). Coll. Carderera.

105. N° 23 de la série. — *Mariano Ceballos, alias el Indio, mata el
toro desde su caballo.* (Mariano Ceballos, surnommé l'Indien, tue
le taureau de dessus son cheval.)

Une épreuve d'eau-forte [pure (1ᵉʳ état) dans notre collection.
Nous possédons également de cette même planche des épreuves
du 2ᵉ état (eau-forte et aqua-tinte avant le numéro), offrant entre
elles des différences très-notables au point de vue de la coloration d'aqua-tinte, et qui permettent de suivre pas à pas les
intéressants essais auxquels se livrait Goya pour obtenir de ce
procédé l'effet qu'il en attendait.

Une épreuve du 2ᵉ état. Coll. de M. Burty.

106. N° 24 de la série. — *El mismo Ceballos montado sobre otro toro
quiebra rejones en la plaza de Madrid.* (Le même Ceballos, montant un taureau, brise des banderilles dans la place de Madrid.)

Une épreuve d'eau forte pure. Coll. Carderera.

M. Burty signale une variante de ce même sujet, coll. Galichon ;
nous la décrivons sous le n° 116 des pièces inédites de la *Tauromachie.*

107. N° 25 de la série. — *Echan perros al toro.* (On lâche les chiens
contre le taureau.)

Ép. d'eau-forte pure (1ᵉʳ état). Coll. Carderera. M. Burty indique
une variante de ce même sujet, coll. Galichon ; nous la décrivons
sous le n° 121 des pièces inédites de la *Tauromachie.*

108. N° 26 de la série. — *Caida de un picador de su caballo debajo
del toro.* (Chute d'un picador tombé de cheval sous le taureau.

Épr. du 1ᵉʳ état. Coll. Carderera.

109. N° 27 de la série. — *El celebre Fernando del Toro, barilarguero,
obligando á la fiera con su garrocha.* (Le célèbre picador Fernando

del Toro obligeant le taureau, à l'aide de sa pique, à fondre sur lui.)

Épr. du 1ᵉʳ et du 2ᵉ état dans notre collection.

110. Nᵒ 28 de la série. — *El esforzado Rendon, picando un toro de cuya suerte murió en la plaza de Madrid.* (Le courageux Rendon, piquant un taureau, qu'il tua d'un coup dans la place de Madrid.)

Épr. du 2ᵉ état dans notre collection.

111. Nᵒ 29 de la série. — *Pepe Illo haciendo el recorte al toro.* (Pepe Illo faisant le recorte au taureau.)

Épr. du 1ᵉʳ état (eau-forte pure) dans notre collection. Elle présente, à l'angle inférieur de droite, la signature de Goya, disparue sous l'aqua-tinte dans les épreuves postérieures. M. Burty en a décrit une autre dans la collection Galichon. Nous possédons encore de cette même pièce diverses épreuves du 2ᵉ état différant entre elles par les tons de l'aqua-tinte, tantôt renforcés et tantôt éclaircis au brunissoir, selon les [effets que l'artiste désirait atteindre.

112. Nᵒ 30 de la série. — *Pedro Romero matando ó toro parado.* (Pedro Romero tuant un taureau immobile.)

M. Burty signale, dans la collection Galichon, une variante de ce même sujet que nous décrivons sous le nᵒ 118 des pièces inédites de la *Tauromachie.*

113. Nᵒ 31 de la série. — *Banderillas de fuego.* (Les banderilles de feu.)

Signée Goya à l'angle inférieur de droite, avec la date 1815, deux fois répétée.

Diverses épreuves du 2ᵉ état dans notre collection. L'une offre deux essais tirés des deux côtés d'une même feuille. Ces épreuves, comme celles que nous avons précédemment décrites, sont obtenues sur des papiers à la marque Serra.

114. Nᵒ 32 de la série. — *Dos grupos de picadores arrollados de seguida por un solo toro.* (Deux groupes de picadors culbutés coup sur coup par un même taureau.)

Épr. du 2ᵉ état dans notre collection.

115. Nᵒ 33 de la série. — *La desgraciada muerte de Pepe Illo en la plaza de Madrid.* (La malheureuse mort de Pepe Illo dans la place de Madrid.

PIÈCES INÉDITES DE LA TAUROMACHIE.

Nos 116 à 123.

Les planches que nous rangeons sous le titre de *Pièces inédites de la Tauromachie* n'ont jamais été décrites. Presque toutes étaient gravées au revers des cuivres de la série publiée, et, soit qu'elles aient été altérées par quelque accident d'eau-forte, ou soit encore que l'artiste les ait rejetées, ces planches n'ont fourni que quelques rarissimes épreuves d'essai [1].

116. Variante de la planche 24. (N° 106 de notre catalogue.)

Un torero, probablement Mariano Ceballos, montant un taureau, s'apprête à planter une banderille sur le cou du taureau de place. A gauche, des chulos s'enfuient. Le fond de la pièce est rempli par la barrière, au-dessus de laquelle on aperçoit les gradins chargés de spectateurs.

Dim. : larg., 313 mill. ; haut., 202 mill., bordure comprise.

Une épreuve d'eau forte pure dans la collection Carderera.

117. Une scène de Novilladas.

Deux picadors, costumés en marquis grotesques et montant deux ânes attelés à une berline, piquent un taureau, qui soulève, en l'éventrant, l'une de leurs montures. Des comparses, grimpés sur la berline ou accrochés derrière, tiennent à la main des banderilles. Penché à l'une des portières, un torero cherche à piquer aussi le taureau avec une banderille. A droite, dans la place, groupe de chulos ; au fond, la barrière et les gradins.

Dim. : larg., 318 mill. ; haut., 214 mill., bordure comprise.

Une épreuve d'eau-forte pure. Coll. Carderera.

118. Un torero, tenant de la main gauche, en guise de muleta, un chapeau de picador, s'apprête à frapper de l'épée un taureau qui fond sur lui. A gauche, deux chulos, enveloppés de leurs capes

1. Les sept planches inédites, nos 116 à 122, font partie du recueil récemment édité par Loizelet, 12, rue des Beaux-Arts. V. la note, page 71.

se disposent à tourner le taureau; derrière eux, des chevaux morts. Vers le fond, un groupe s'empresse autour d'un torero blessé; deux picadors à cheval se reposent, appuyés sur leurs piques. A droite, vers la barrière, un cheval s'abat. Au fond, la barrière et les gradins.

Dim. : larg., 325 mill. ; haut., 210 mill., bordure comprise.

Épr. d'eau-forte pure. Coll. Carderera.

119. Un taureau a traversé d'un coup de corne la jambe d'un torero, qui, suspendu la tête en bas, se cramponne de la main gauche au jarret de l'animal. A droite, un picador court sus au taureau de toute la vitesse de son cheval ; plus loin, trois chulos s'écartent effrayés. A gauche, un chulo cherche à attirer, à l'aide de sa cape, l'attention du taureau, qu'un banderillero pique au flanc pour l'obliger à se retourner.

Dim. : larg., 322 mill. ; haut., 217 mill., bordure comprise. Cette pièce porte la signature de Goya à la droite du bas de la planche.

Épr. d'eau-forte mêlée d'aqua-tinte. Coll. Carderera.

120. Le sujet est presque le même qu'au numéro précédent ; mais cette fois le torero est resté suspendu les pieds en bas, et la corne du taureau a pénétré vers le cœur. Il paraît mort. A droite, un picador pique l'animal pour lui faire lâcher sa victime ; plus loin, un groupe de chulos cherche à atteindre le même résultat, les uns avec leur cape qu'ils agitent, et les autres à l'aide de lances dont ils menacent le taureau. Vers le fond, deux autres chulos, dont l'un se cache la tête dans les mains.

Dim. : larg., 318 mill. ; haut., 206 mill.

Deux épreuves de cette pièce, tirées des deux côtés d'une même feuille, eau-forte mêlée d'aqua-tinte dans la collection Carderera.

121. Variante de la planche 25. (N° 107 de notre catalogue.)

Au milieu de l'arène le taureau lutte contre les chiens qui l'assaillent. A droite, l'alguazil à cheval sort de la place ; à gauche, un groupe de toreros et de spectateurs.

Une épreuve dans la collection de M. Galichon.

122. Variante de la planche 18. (N° 100 de notre catalogue.)

Au milieu de la place, le torero, assis sur une chaise, les pieds entravés dans des ceps, la main gauche armée de la muleta, s'apprête à frapper de l'épée un taureau qui fond droit sur lui. Au fond, un groupe de spectateurs.

Dim. : larg., 320 mill. ; haut., 215 mill.

Deux épreuves, l'une d'eau-forte pure, l'autre offrant le mélange d'aqua-tinte, dans notre collection.

123. Les cinq taureaux.

Cinq taureaux reproduits dans des attitudes variées et pleines de mouvement.

Cette planche, d'une incroyable légèreté de pointe et d'un dessin superbe, appartenait à M. E. Lucas, artiste espagnol, qui a bien voulu nous la communiquer. Nous n'en connaissons aucune épreuve, nous croyons même qu'il n'en a jamais été tiré.

Eau-forte. — Dim. : larg., 326 mil ; haut., 212 mill., prises sur le cuivre.

LES PROVERBES

Cette suite, composée de dix-huit pièces in-folio en largeur, non numérotées et sans légendes, a été publiée pour la seconde fois, mais réunie pour la première en 1864, par les soins et aux frais de l'Académie de San Fernando, sous le titre suivant : « Los Proverbios, coleccion de diez y ocho laminas inventadas y grabadas al agua fuerte por Don Francisco Goya, publicala la Real Academia de nobles artes de San Fernando, Madrid, 1864.

Malheureusement cette édition est venue trop tard. Déjà fatigués par un premier tirage opéré grossièrement, tachés, oxydés en plus d'un endroit, les cuivres n'ont plus fourni que des épreuves abominablement altérées. Du moment que cette seconde édition ne donnait qu'un résultat négatif, on eût dû, ce nous semble, y couper court et surtout ne pas la répandre : elle demeurera maintenant on ne peut plus regrettable au point de vue du talent de Goya plutôt compromis, on nous l'accordera, que servi par un tirage qui ne présente plus aux yeux de l'amateur qu'une série de planches où le trait est écrasé et où l'encrage, opéré sans art, sans goût, et dans une tonalité de noirs violents qui atteint au paroxysme, a complétement fait disparaître le caractère primitif et les fines oppositions de lumière que Goya savait si savamment ménager.

C'est, croyons-nous, au premier tirage, à celui de l'année 1850, qu'il faut faire remonter le mal. A cette date, les planches des *Proverbes* devinrent la propriété d'un industriel de

Madrid qui les fit éditer en assez petit nombre, en feuilles, et probablement à de certains intervalles, comme nous avons pu l'observer par les qualités différentes et le ton des papiers employés [1].

A l'exception de quelques-unes, à l'égard desquelles nous avons des doutes, ces planches ne nous paraissent pas avoir été aqua-tintées par Goya; car, parmi les trop rares épreuves contemporaines du maître qu'il nous a été donné de rencontrer, deux seulement sont tirées avec quelques touches très-légères d'aqua-tinte, mises là pour soutenir des ombres, mais non appliquées dans tous les cas sur tout le fond de la pièce. Ces quelques épreuves exceptées, toutes les autres sont d'eau-forte pure, et ajoutons que rien n'y indique que l'intention de Goya fût d'obtenir autre chose que des eaux-fortes. Nous tenons donc là le point de départ des déplorables mutilations que nous imputons au tirage de 1850. Opéré très-probablement sans que l'on ait seulement songé à consulter les épreuves de l'artiste, ce premier et si regrettable tirage n'aura donc servi, indépendamment d'être l'œuvre d'une main inintelligente et malhabile, qu'à travestir pour toute la succession des éditions à venir la pensée du maître en chargeant à tort et à travers le fond des planches de couches uniformes de noir qui y détonnent et y hurlent comme de véritables contre-sens.

M. Carderera [2] et d'autres écrivains après lui ont pensé que les *Proverbes* étaient le coup de tonnerre du génie de Goya, et, sans leur assigner pourtant de date positive, ils inclinent à les croire le fruit de la vieillesse du maître. Ces critiques ont à coup sûr porté ce jugement sur le seul vu des épreuves de 1850, et ils ont attribué à la lassitude de la main

1. Le tirage de 1850 a été obtenu sur papier vélin, sans marque visible: celui de l'Académie est sur papier collé, assez fort, portant la marque suivante : J. G. O., avec une sorte de palmette. Cette seconde édition a été faite à 250 exemplaires.

2. *Gazette des Beaux-Arts.*, septembre 1863.

ce qui n'était que le résultat d'un détestable tirage [1]. Il suffit,
en effet, de jeter les yeux sur les épreuves d'eau-forte pure,
tirées d'ailleurs sur papiers portant les mêmes marques que
les épreuves d'essai de la *Tauromachie*, pour acquérir la
conviction que la pointe qui a tracé les *Proverbes* n'était
point guidée par une main sénile et que cette suite appartient bien, au moins pour la majorité des pièces, à l'époque
même où Goya gravait les premières planches des *Taureaux*,
alors justement qu'il commençait de manier la pointe avec
le plus de verve et de liberté. Nous ne voudrions pas affirmer
cependant que toutes les planches des *Proverbes* datent
d'une même époque : quelques-unes, à l'encontre heureusement du plus grand nombre, sont traitées d'une main hâtive,
et parfois le dessin en est lourd et mal arrêté ; inégalités qui
indiquent assez que, pour cette série, Goya a dû, comme
pour la *Tauromachie* et pour les *Malheurs de la guerre*, laisser et reprendre alternativement telle suite que son humeur du moment le portait à travailler de préférence.

Ces réserves faites, nous n'hésitons pas à placer avant
1810 la date d'origine des *Proverbes*, la même que nous
avons assignée aux premières planches de la *Tauromachie*.

Les renseignements nous manquent sur l'interprétation à
donner à la plupart des sujets de cette étrange série. Goya.
cette fois, n'a rien ou presque rien laissé qui puisse guider
le curieux en quête d'une explication ; deux mots seulement,
tracés par lui sur l'une des épreuves que nous possédons et
qui représente l'abîme s'ouvrant pour engloutir, à la voix
d'un énergumène, un réprouvé en buffleterie, un soldat en
costume de 1809, Espagnol ou Français, nous ne savons :
Disparate claro, *pure sottise* ou *pure chimère*, comme on

---

1. « Hemos dicho que en general el dibujo de esta coleccion es inferior
« al de las otras; pero. al decirlo. nos referimos a la forma que realmente
« se presenta, no ya incorrecta. sino de tal modo descuidada que no hace
« favor al autor. » (D. Enrique Melida, *Arte en España*, t. III. p. 316.)

voudra. C'est là tout, du moins nous le croyons, ignorant si d'autres épreuves, échappées à nos recherches, portent comme celle-là quelque précieuse légende de la main même du maître.

Quelques-unes de ces compositions peuvent, à la vérité, se passer de commentaires, puisqu'elles se bornent à reproduire des scènes de mœurs, des rêves, ou bien encore des traits satiriques d'une portée facile à saisir. Ainsi, les pièces que nous décrivons sous les n°⁵ 124, 125, 128, 135, 136, et 138, de même que les planches n°⁵ 126, 127 et 140, laissent entrevoir à demi la pensée railleuse de l'artiste ; mais qui saurait donner aujourd'hui un sens précis aux pièces décrites sous les n°⁵ 129, 130, 132, 133, 134, 137 et 139, énigmes indéchiffrables où la satire du scandale politique du jour, d'une cabale de palais, et peut-être de l'incident fourni par la vie privée de quelque grand personnage, se dissimule sous le voile de l'allégorie la plus bizarre et s'amalgame avec elle à ne pouvoir plus démêler la réalité de la fiction qui l'enveloppe ? Aux dix-huit pièces éditées par l'Académie, nous adjoignons aux *Proverbes* la description de trois autres planches, sinon entièrement inédites, du moins à peu près inconnues, car elles n'ont fait partie ni du tirage de 1850, ni d'aucun autre postérieur à cette date.

124. **Six femmes,** costumées en majas, rient aux éclats en faisant sauter pêle-mêle, à l'aide d'une large couverture, des mannequins travestis en hommes et un âne mort.

Dim. : larg., 328 mill. ; haut., 214 mill.

Signée Goya dans le terrain de droite, en travers de l'estampe.

125. **Des bandes de soldats** s'enfuient ou tombent éperdus de terreur à la vue d'un fantôme d'une taille gigantesque debout dans la campagne ; mais l'un deux, soulevé à demi, éclate de rire en reconnaissant, à travers la draperie entr'ouverte, le visage railleur d'un camarade qui porte le fantôme : un arbre recouvert d'un long drap blanc.

Le sujet de cette pièce présente, comme on le voit, une

certaine analogie avec celui déjà traité dans le n° 52, des *Caprices : Lo que puede un sastre ;* ce que peut un tailleur.

126. Sur un arbre mort, penché sur l'abîme, sont assis, comme en un nid, chaudement enveloppés de manteaux, les mains soigneusement cachées dans des fourrures, une dizaine de personnages, hommes et femmes, qui semblent prêter toute leur attention aux paroles d'un orateur drapé et encapuchonné d'une mante aux larges rayures, et qui étend la main vers le groupe principal.

Dim. : larg., 326 mill. ; haut., 212 mill.

Goya voyait juste lorsqu'il gravait cette planche. Charles IV et sa cour n'étaient plus guère séparés de l'abîme que par une branche de bois mort.

127. Un homme du peuple, au masque joyeux et railleur, danse, en faisant claquer des castagnettes, devant un mannequin que lui présente un individu à face hypocrite ; derrière le danseur, vêtu du costume national, et auquel l'artiste a donné des proportions gigantesques, deux spectres édentés, aux yeux caves, aux corps velus comme des chauves-souris, et que le rire gouailleur du bonhomme scandalise, s'enfuient épouvantés.

Dim. : larg., 323 mill. ; haut., 220 mill.

Nous possédons de cette pièce diverses épreuves d'eau-forte pure, tirées par Goya, sur lesquelles il est facile de suivre les changements, peut-être ferions-nous mieux de dire les mutilations, qu'a subies ce cuivre depuis ces premières épreuves, mutilations que nous imputons à l'éditeur de 1850, tant il nous semble inadmissible qu'elles puissent être attribuées à Goya. Alors que sa pointe, guidée par une main alourdie, trahissait l'artiste, Goya a-t-il rien produit qui rappelle, même de loin, les épouvantables retouches que nous allons décrire?

Deux personnages, dans les épreuves d'essai, soutiennent le mannequin ; l'un d'eux, mal effacé au brunissoir, a presque totalement disparu dans le tirage de 1850, et commence seu-

lement de reparaître, mais faiblement, dans les épreuves de
l'Académie ; de leurs quatre jambes, trois ont été supprimées ;
de la quatrième on en a fait deux au personnage subsistant ;
les plis de la draperie du mannequin, un pied qui sortait sous
ces draperies, toute la partie inférieure des vêtements du
danseur, les fantômes du fond, dont l'un, celui qui est à
droite, étendait le bras et déployait de grandes ailes velues,
tout cela a été repris, écrasé de lourdes retouches, effacé au
brunissoir ou avalé sous les empâtements de l'aqua-tinte :
tout a été, enfin, abominablement remanié. Pour ne plus
revenir sur des altérations qui ont si malheureusement modifié l'aspect primitif de ces planches, nous dirons, une fois
pour toutes, qu'entre les épreuves d'essai obtenues sous les
yeux du maître et les tirages postérieurs, il y a de telles différences qu'on serait presque tenté, à première vue, de prendre ces derniers pour le produit d'une contrefaçon fort mal
réussie. En général, dans les épreuves contemporaines de
l'artiste, les planches nous apparaissent traitées d'une pointe
vive, facile, très-fine, et le dessin y est irréprochable ; dans
les tirages modernes, le dessin, retouché, rechargé par place,
est lourd, presque mauvais ; les ombres, reprises à l'aqua-
tinte étendue au pinceau, écrasées, ne laissent presque plus
rien subsister ni des demi-teintes, ni des légers travaux pri-
mitifs de la pointe ; puis enfin, brochant sur le tout, un encrage excessif sur les terrains, sur les fonds, et ne donnant
plus que de larges plaques d'un noir intense, uniforme,
achève de produire l'effet le plus sauvage et le plus inintelligent.

128. Chevauchant un monstre, sorte d'hippogriffe qui fend les airs
de ses larges ailes, un homme presse dans ses bras une femme,
qui lève les mains au ciel. Au loin, dans la nuit, on entrevoit
un globe, la terre peut-être.

    Dim. : larg., 328 mill. ; haut., 216 mill.

129. Au pied d'un rempart en ruine, un homme, un furieux, bran-
dissant une lance de picador, a terrassé et retient renversé entre

ses jambes un vieillard à la tête hideuse, et dont la bouche
édentée s'ouvre en large hiatus. Devant ce groupe s'avance, sou-
tenu par deux hommes du peuple couverts de vêtements en
guenilles, une jeune femme, dont les traits et l'attitude trahis-
sent la douleur. A sa vue, l'homme à la pique s'est arrêté dans
son geste menaçant; ses cheveux hérissés, ses yeux égarés expriment la plus complète terreur; un cri semble s'échapper de
ses lèvres..... Au fond et à droite, divers autres personnages
pleurent ou détournent tristement la tête.

Dim. : larg., 319 mill.; haut., 215 mill.

Signée Goya, à gauche, en travers de la pièce.

Nous connaissons de cette pièce des épreuves d'eau-forte
pure tirées sous les yeux du maître.

Les exemplaires de 1850 sont mal venus. Le tirage de l'A-
cadémie est le meilleur.

130. Un monstre formé de deux corps jumeaux, homme d'un côté,
femme de l'autre, accouplés par les épaules, et dont chacune
des jambes s'appuie sur un double pied, étend ou impose deux
de ses longs bras en désignant du doigt une vieille au masque
stupide, dont l'attitude semble indiquer combien pieusement
elle est soumise à l'horrible personnage. A genoux ou accroupie
en cercle autour du monstre, se presse dévotement une foule
d'auditeurs dont les têtes affectent des traits d'animaux carnas-
siers ou des profils d'oiseaux de la nuit.

Dim. : larg., 325 mill. ; haut., 217 mill.

Signée dans le terrain de droite, et à rebours.

131. Deux groupes de personnages, l'un tourné vers le fond, l'autre
vers le spectateur. Tous sont uniformément enveloppés dans des
sacs qui leur cachent bras et jambes et entravent leur marche;
la gueule des sacs, rabattue et liée à la hauteur du cou, figure
une sorte de fraise. Au premier plan, à gauche, un personnage,
quelque prince ou ministre, paraît diriger le groupe qui vient
de face. Derrière lui, trébuchant et se heurtant, se pressent
quelques *ensachés*, dont l'un, poussé par un voisin à mine sour-
noise et béate, perd l'équilibre et va tomber.

Dim. : larg., 321 mill.; haut., 212 mill.

Cette planche paraît avoir souffert beaucoup lors du tirage de 1850 : les épreuves en sont tachées en de nombreux endroits, et, par suite sans doute du peu d'habileté de l'imprimeur, les clairs et les demi-teintes y apparaissent salis, mal venus, très-mal nuancés. Il pourrait bien se faire encore que quelques reprises de pointe sèche, qui, dans les épreuves de l'Académie, viennent très-aigres et très-dures, remontassent à cette même époque : malheureusement, nous n'avons pu rencontrer, pour bien fixer l'origine de ces retouches, d'épreuve contemporaine du maître.

Les exemplaires de 1864 laissent, eux aussi, beaucoup à désirer, sous le rapport de l'encrage, tout en restant cependant supérieurs aux précédents par la propreté du tirage. Mais est-il besoin de faire remarquer quel contre-sens ridicule forme avec le sujet traité par l'artiste, — évidemment une satire contre la marche d'un ministère ou même du gouvernement en général, — cette épaisse tache noire dont on a, plus particulièrement dans cette édition, recouvert les fonds de cette planche ? La même critique peut, à bon droit, s'appliquer aux pièces décrites sous les n⁰ˢ 124 et 127, à celle que nous décrivons sous le n° 132, et à quelques autres encore, où les fonds, toujours noircis à outrance, prêtent une physionomie sinistre à des caricatures politiques, voire même à de simples scènes de mœurs, dans lesquelles la pensée de Goya n'appelait rien moins que cette disparate absurde.

132. Une femme, dont la tête de king-charles passe au travers d'une haute et large coiffe de forme bizarre, apporte sur un coussin recouvert de dentelles une nichée de jeunes chats, qu'un personnage à profil félin s'apprête à recevoir genoux en terre et les bras étendus. Vers la gauche, un vieillard assis, et que distingue une longue barbe blanche, consulte gravement un livre ; plus loin, un homme du peuple, debout et tournant le dos, montre l'horizon ; au fond s'avance un nain, coiffé d'une sorte de turban, une épée ou une canne dans la main droite. Vers la

droite, et en arrière du groupe principal, apparaît, portée sur les
bras de divers personnages, une femme à demi nue, et au sein
de laquelle se suspend un petit enfant.

Dim. : larg., 325 mill. ; haut., 215 mill.

Cette curieuse scène de cour, qui n'est guère qu'une satire
contre les platitudes courtisanesques, en même temps
qu'une allusion railleuse à l'affection que la reine Marie-
Louise prodiguait à ses petits chats, doit sans aucun doute
à l'inintelligente coloration dont l'a dotée le tirage de 1864
d'avoir été prise par quelques écrivains pour une scène de
sorcellerie.

133. Une jeune femme, le corps violemment rejeté en arrière par
un superbe mouvement d'effroi, et les bras étendus vers le ciel,
est emportée par un cheval cabré ; de ses dents il a saisi le vêtement qui la couvre et il la retient suspendue le long de son
flanc droit. Au second plan, à gauche, une autre femme devient aussi le proie d'un animal fantastique, ouvrant une
gueule énorme ; derrière le terrain du premier plan disparaît à
demi un monstre à la gueule fendue en groin, et qui porte un
œil immense au sommet du crâne. — Signée dans le terrain de
droite, près de la bordure.

Dim. : larg., 315 mill.; haut., 212 mill.

Nous connaissons de cette pièce une épreuve d'eau-forte
pure, tirée sous les yeux du maître, et numérotée très-probablement de sa main dans l'une des marges. Bien des cuivres de cette suite ont dû être perdus si, comme tout porte
à le croire, le n° 25 inscrit sur cet exemplaire est l'indication
d'une série que préparait Goya.

De même, hélas ! que pour tant d'autres planches de cette
suite, les tirages de 1850 et de 1864 ont profondément altéré
cette pièce, d'une rare beauté pourtant, à en juger par les
épreuves d'eau-forte pure qu'avait laissées l'artiste.

134. Une femme, dont les épaules supportent deux têtes, court,
poursuivie de près par deux jeunes hommes, qui s'arrêtent frap-

pés d'étonnement en la voyant disparaître sous une arcade sombre qu'occupe déjà un groupe de femmes, dont quelques-unes ont atteint les limites de l'extrême vieillesse.

Dim. : larg., 322 mill. ; haut., 217 mill.

135. Trois femmes et trois hommes, ceux-ci costumés en majos et celles-là en majas, dansent joyeusement en rond agitant des castagnettes.

Dim. : larg., 324 mill. ; haut., 213 mill.

136. Des hommes, coiffés d'appareils imitant des têtes d'oiseaux, fendent les airs à l'aide d'ailes immenses qu'ils font mouvoir au moyen de cordes qui passent sous leurs pieds ou se rattachent à leurs mains.

Dim. : larg., 325 mill. ; haut., 217 mill.

D. V. Carderera possède de cette planche une épreuve d'eau-forte pure qui a été ajoutée par Cean Bermudez à une suite de la *Tauromachie* que Goya lui avait offerte pour qu'il en revît les titres. Cean le catalogua dans la table manuscrite qu'il plaça en tête des planches, sous le n° 34, et avec cette épigraphe : *Modo de volar.* « Manière de voler. »

La présence de cette pièce dans un recueil que Cean Bermudez dut former et annoter de 1815 à 1816, puisque les cuivres de la *Tauromachie*, les derniers gravés, portent la date de 1815, est une preuve de plus à l'appui de l'opinion que nous avons émise sur l'époque probable où furent gravées la plus grande partie des planches des *Proverbes ;* quant à celle-ci, il n'y a plus de doute possible. Son exécution témoigne de reste qu'elle ne peut dater des dernières années de la vie de Goya ; jamais sa pointe ne s'est montrée plus spirituelle et plus légère ; elle n'est nulle part plus savante. Le dessin *en est vraiment superbe*, et c'est, à notre avis, non-seulement la meilleure pièce de la série, mais encore l'une des plus belles productions de l'artiste. A ce titre, nous la rangeons volontiers à côté du *Supplicié* (246) et des *Trois prisonniers* (256 à 258), qu'elle égale pour la perfection du modelé, pour la justesse du mouvement et la grâce hardie de l'exécution.

Les exemplaires de 1850 sont de beaucoup supérieurs, malgré leur mauvais tirage, à ceux de l'édition de l'Académie obtenus d'un cuivre mal nettoyé et peut-être fatigué ; les travaux de pointe, écrasés et alourdis, ne laissent déjà plus rien entrevoir de la finesse, du moelleux et de la légèreté qui les caractérisent dans les épreuves d'eau-forte pure.

137. Deux personnages s'abordent et se saluent. L'un, celui de gauche, coiffé d'un haut bonnet pointu et vêtu d'une ample casaque et de larges pantalons, présente une physionomie stupide ; l'autre, celui de droite, une tête bestiale et cruelle : il porte une énorme moustache taillée en brosse, et sur la joue gauche on distingue, à la hauteur des narines, une sorte d'œil. Son costume est étrange : une énorme cravate, qui évoque l'idée d'un collier de chien, lui entoure le cou, sa veste rappelle par sa forme le vêtement d'un jockey, ses culottes semblent faites d'une jupe de femme serrée au-dessous des genoux, et des boucles d'une dimension insolite recouvrent ses souliers. Derrière le premier, et s'accrochant à sa casaque, un dignitaire de l'Église, dont le camail dessine des épaules contrefaites, est poussé en avant par un homme qui cherche à s'effacer, à dissimuler sa présence. Au premier plan, à droite, un majo, costumé en élégant du temps de Charles IV, les cheveux emprisonnés dans une résille et recouverts d'un petit chapeau bas de forme, observe attentivement cette entrevue. Une foule de spectateurs de visages plus ou moins grotesques, au milieu desquels on distingue un soldat à demi couché à terre, dont le colback, semblable à ceux de la garde impériale, désigne la nationalité, se groupent vers le fond dans des attitudes étonnées ou railleuses. Dominant cette foule, un homme encapuchonné se dirige vers la droite, monté sur de hautes échasses.

Dim. : larg., 322 mill. ; haut., 208 mill.

Encore une pièce dont la date d'exécution se trouve, par la présence du soldat français, sinon fixée, du moins circons-

rite entre les années 1808 et 1813 ; nous pensons même
qu'elle pourrait être limitée à l'année 1808, sur cette suppo-
sition que l'*entrevue* qui nous semble être le sujet de cette
caricature politique doit être l'entrevue de Bayonne. L'homme
aux échasses n'apparaît-il pas là pour préciser le lieu de cette
conférence ?

138. Sur une estrade peu élevée et entourée de dévots, les uns agenouillés, les autres debout, un moine, un énergumène, un bras
levé au ciel, l'autre indiquant un abîme entr'ouvert à sa gauche,
semble vouer à cet abîme un soldat, qui s'y précipite la tête
la première. Au-dessus de ce groupe s'étend une draperie immense que secoue et lacère un vent furieux venu de l'abîme.
Vers le fond, des hommes, grimpés les uns sur les autres, cherchent à retenir cette vaste tenture

Dim. : larg., 317 mill. ; haut., 211 mill.

Nous connaissons de cette planche une épreuve d'un état
antérieur à celui que nous venons de décrire. Dans ce
1er état, la partie gauche de l'estampe, où n'apparaît pas encore le soldat, n'offre qu'un gouffre béant qui vomit des
flammes et de la fumée. Au premier plan, et occupant l'angle inférieur de gauche, il y a un coin de terrain, et vers le
fond de la pièce, et du même côté, un pont, dont l'arche
unique se détache en blanc à travers les vapeurs qui mon-
tent du gouffre. Une grosse colonne de fumée tient la place
de deux personnages, qui, dans l'état postérieur, se trouvent
placés à la droite de la femme enveloppée dans sa mantille.
Dans le groupe qui est derrière cette femme, nous comptons
cinq têtes s'étageant au-dessus du bras du moine, trois seulement subsistent dans le 2e état ; enfin, divers travaux n'apparaissent point encore, notamment sur les vêtements et sur
la jambe de l'homme agenouillé, qui s'appuie sur une canne.

Cette curieuse épreuve porte au crayon noir diverses indications des parties que Goya se proposait de retravailler.
Du 2e état tel que nous l'avons décrit, nous connaissons éga-

lement une épreuve d'eau-forte légèrement soutenue d'aqua-
tinte, portant dans la marge le n° 7 indiqué à l'encre et
l'épigraphe suivante : *Disparate claro*, « Pure sottise, » de
la main même de Goya. C'est là, que nous sachions du
moins, l'unique témoignage qui nous soit parvenu des légendes que l'artiste se proposait de donner aux planches de
cette série.

139. Une femme, dont les traits expriment la colère, a saisi la
main d'un homme qui s'incline en se frappant le front et paraît
vouloir la contraindre à se rapprocher d'une autre femme, dont
elle retient également la main. Près de l'homme incliné, un
personnage, couvert d'un long manteau, semble lui donner
quelque prudent conseil. A gauche, deux individus à têtes grotesques et à masques multiples, les uns gais, les autres tristes,
regardent cette scène. L'artiste a donné à l'homme et à la
femme que l'on veut réunir, à l'un de doubles bras, à l'autre
une tête à deux visages. A l'angle que forme le bras de la femme,
apparaît un profil d'homme à moustaches.
   Dim. : larg., 322 mill. ; haut., 214 mill.
140. Assis sur un étroit banc de bois, un vieillard obèse, chauve
et de mine hypocrite, les mains croisées l'une sur l'autre, vient
d'éternuer violemment. A sa droite, divers spectateurs paraissent se moquer de lui ; derrière eux, un homme à cheval regarde cette scène avec dédain. A gauche, deux individus s'approchent du vieillard avec une certaine réserve et semblent le
palper timidement du bout des doigts, comme pour s'assurer
que c'est bien lui qui a éternué ; derrière ces deux curieux, que
menace un chien réfugié dans les jambes nues et décharnées
du bonhomme, on remarque un homme accroupi et tenant une
seringue.
   Dim. : larg., 324 mill. ; haut., 219 mill.
141. Sur un fond de ténèbres, un vieillard, couvert de longues
draperies, s'avance en chancelant sur ses genoux. Tout autour
de lui surgit une nuée de fantômes, de spectres et d'appari-
tions (ses victimes peut-être ?), qu'il semble vouloir écarter de
son bras droit étendu. A gauche, on distingue un homme dans

l'attitude d'un supplicié ; çà et là voltigent des oiseaux gigantesques à tête humaine. Aux pieds du vieillard un cadavre est étendu en travers du sol.

Dim. : larg., 319 mill. ; haut., 209 mill.

PIÈCES INÉDITES DES PROVERBES.

Nos 142 à 144.

Par l'analogie des sujets que l'artiste y a traités, autant que par leurs tendances, les trois compositions qui suivent appartiennent sans conteste à la série des *Proverbes*. Elles sont demeurées jusqu'ici, sinon absolument inédites, du moins à peu près inconnues ; nous n'en pouvons cependant citer aucune épreuve, soit ancienne, soit moderne ; c'est aux cuivres mêmes que nous avons dû recourir pour donner les descriptions qui vont suivre :

142. Une foule bigarrée, moitié crédule et moitié railleuse, contemple à distance deux fantômes, ou plutôt deux troncs d'arbres recouverts de voiles et de vêtements, dont les branches figurent, l'une une main qui brandit un sabre, l'autre un bras étendu, au geste menaçant. Au milieu des groupes, un spectateur fait les cornes à la terrible apparition, tandis qu'un plus effronté se retourne et fait un geste d'une suprême gaminerie.

Dim. : larg., 330 mill. ; haut., 215 mill.

143. Debout sur un cheval dont les quatre pieds reposent à la fois sur une corde tendue en forme de trapèze, une jeune femme, costumée en maja, danse et voltige hardiment au milieu de la foule qui l'entoure.

Dim.: larg., 329 mill. ; haut., 219 mill.

144. Au désert, dans une vaste arène naturelle, un éléphant, privé de ses défenses, s'arrête devant un groupe de quatre person-

nages de mine soucieuse, les uns costumés en rabbins, les autres comme le sont les Maures de la *Tauromachie*. L'un de ces graves personnages présente à l'éléphant le livre des Tables de la loi, tandis qu'un second, d'un air mal assuré, paraît lui offrir, mais en le dissimulant à demi, un énorme collier tout chargé de grelots.

Dim. : larg., 328 mill. ; haut., 218 mill.

LES MALHEURS DE LA GUERRE

N°s 145 à 226.

Les *Malheurs de la guerre*, dans l'édition opérée par les soins et aux frais de l'Académie de San Fernando, se composent de quatre-vingts planches seulement ; pour être absolument complète, cette suite en devrait compter quatre-vingt-deux, comme dans l'exemplaire de la collection Carderera. Ce précieux recueil, probablement unique, d'un tirage obtenu sous les yeux du maître, fut offert par Goya, qui y avait adjoint les trois pièces que nous décrivons plus loin sous les n°s 256 à 258 (les *Prisonniers*), à son ami, le savant critique Cean Bermudez, pour qu'il en revît les légendes écrites de sa main dans la marge des épreuves, pour qu'il les classât dans un ordre meilleur et en rédigeât le titre définitif.

Distraites de la suite à laquelle elles appartiennent, et cela bien avant que l'Académie acquît les quatre-vingts cuivres qu'elle a publiés, les deux planches absentes et demeurées jusqu'ici inédites ne sont point citées par les divers écrivains qui se sont occupés, même le plus récemment, de l'œuvre gravé de Goya. On les trouvera décrites, et pour la première fois, sous les n°s 225 et 226.

Le titre qu'imagina Cean Bermudez énumère, comme devant être éditées ensemble, quatre-vingt-cinq pièces, dont quatre-vingt-deux appartenant aux *Malheurs de la guerre*, plus les *Trois Prisonniers*. Voici comment est conçue la rédaction de ce titre, qu'il nous a paru intéressant de reproduire d'après l'exemplaire de M. Carderera :

« Fatales consecuencias de la sangrienta guerra en Es-

« paña con Buonaparte y otros caprichos enfaticos en 85 es-
« tampas inventadas, dibujadas y grabadas por el pintor
« original D. Francisco de Goya y Lucientés. En Madrid. »

Le sous-titre de Cean « y otros caprichos enfaticos » indique suffisamment que les quatre-vingt-cinq pièces réunies n'appartiennent pas toutes aux *Malheurs de la guerre*.
A partir, en effet, de la planche 65 : « Que alboroto es este, »
Goya commence ce que l'on pourrait appeler une nouvelle
série de *Caprices*. Comme sa devancière, cette dernière con-
tient, pêle-mêle, tantôt des satires politiques ou religieuses,
tantôt des scènes fantastiques, et tantôt enfin ces rêves étranges à l'aide desquels l'audacieux artiste traduit des aspirations politiques et philosophiques d'une portée si singulière
pour l'époque et le milieu qui les virent paraître.

En dehors du bel exemplaire Carderera, et avant la publication de l'Académie de Madrid, l'on ne rencontrait de cette
suite, la dernière en date pourtant dans l'œuvre de Goya,
que quelques épreuves éparses ; encore étaient-elles fort
rares [1]. Aussi, l'on peut dire qu'en éditant les *Malheurs de la
guerre* l'Académie des beaux-arts de Madrid les a, pour la
première fois, donnés à connaître.

Pour ce tirage, le classement de Cean Bermudez n'a pas
été complétement suivi, mais les épigraphes de Goya s'y
trouvent, à une exception près, littéralement reproduites.
Voici le titre que l'Académie a donné à son édition : « Los
Desastres de la Guerra, coleccion de ochenta laminas inventadas y grabadas al agua fuerte por Don Francisco Goya, publicala la R' Academia de Nobles Artes de San Fernando.
Madrid, 1863. »

1. Nous avons relevé avec soin, au Cabinet des estampes et dans les collections Carderera, Burty, etc., etc., ainsi que dans la nôtre, toutes les
épreuves anciennes avant tout numéro, ou encore avec le numéro tracé
dans la marge inférieure de la planche ; l'absence ou la présence de
ce numéro constituant des différences que nous avons cru devoir signaler.
Dans le tirage récent de l'Académie de San Fernando, on a laissé subsister
l'ancien numérotage, en même temps qu'apparaît, à l'angle supérieur de
gauche, celui qui a servi à la classification actuelle des planches.

Une courte préface accompagne cette publication, divisée
en huit cahiers renfermant chacun dix planches imprimées
sur un papier-carton assez fort [1]. L'exécution matérielle en
est soignée, surtout dans les premiers exemplaires, que l'on
reconnaîtra au ton roussâtre de l'encrage. Les épreuves postérieurement obtenues ont simplement été encrées en noir ;
toutefois le fond des pièces conserve encore quelque chose
du ton roux des premières épreuves. Quelques rares cahiers,
parmi les plus beaux, ont été tirés sans les légendes.

En gravant cette série, partie en 1810, date que portent
plusieurs planches, et partie dans les années qui suivirent,
Goya s'y montre, comme dans les *Proverbes*, inégal. Il y a
telle pièce médiocre, telle autre superbe : au demeurant, nous
pensons avec M. Matheron que « l'or de Goya est à un titre
assez élevé pour supporter cet alliage. »

145. N° 1 de la série de l'Académie. — *Tristes presentimientos de lo
que ha de acontecer.* (Tristes pressentiments de ce qui doit
arriver.)

Eau-forte.

Les épreuves contemporaines du maître sont d'eau-forte pure ;
les clairs ménagés par les blancs du papier et non colorés
comme dans le tirage moderne.

146. N° 2 de la série de l'Acad. — *Con razon ó sin ella.* (Avec ou
sans raison.)

1. Pour mettre les amateurs en garde contre toute erreur possible à
l'endroit des divers tirages de la série des *Malheurs de la guerre*, nous
répétons ici qu'il n'existe point de *tirage contemporain de l'artiste* présentant la suite complète des quatre-vingt-deux planches avec leur légende :
que si l'on rencontre quelques pièces isolées, soit d'eau-forte pure, soit
après l'aqua-tinte, il sera facile de les reconnaître pour *anciennes*, d'abord,
à l'encrage, généralement noir, et surtout au papier, de fil et non collé, qui
laisse voir ses vergeures et ses pontuseaux et porte presque toujours la
marque SERRA dans l'épaisseur de la feuille, tandis que le papier de l'édition de 1864 est un vélin collé, très-blanc, sans vergeures ni pontuseaux,
présentant pour marque filigranée les lettres J. G. O., accompagnées d'une
sorte de palmette. L'Académie de San Fernando a fait tirer son édition
à 500 exemplaires.

Eau-forte, avec des travaux de pointe sèche sur les vêtements des soldats et sur quelques masses du second plan.

Les épreuves contemporaines du maître sont d'eau-forte pure et le fond de la pièce est entièrement blanc ; celles que nous avons rencontrées présentent déjà les reprises à la pointe sèche ; il doit cependant en exister avant ces derniers travaux. Les nôtres portent le n° 36 à l'angle inférieur de gauche, et quelques-unes n'offrent pas encore le trait carré et la marge de 4 milli-mètres réservée postérieurement.

147. N° 3 de la série de l'Acad. — *Lo mismo*. (De même.)
    Eau-forte.

Dans les épreuves tirées par Goya, le fond de la pièce est en-tièrement blanc. Le 1er état ne porte que le n° 18 gravé à l'angle inférieur de la planche et à gauche, numéro qui subsiste encore dans les 2e et 3e états ; le 2e état porte en plus le n° 3 à l'angle supérieur de gauche ; il est, comme le premier, d'eau-forte pure, et tous deux sont avant la bordure tracée et avant la marge d'environ 10 millimètres que l'on a formée, dans le 3e état, autour de la pièce.

148. N° 4 de la série de l'Acad. — *Las mugeres dan valor*. (Les femmes donnent du courage.)
    Eau-forte mêlée d'aqua-tinte. Ce cuivre a été remordu par Goya, à diverses reprises et assez malheureusement.

Les épreuves anciennes sont d'eau-forte mêlée d'aqua-tinte ; mais les clairs de la pièce restent ménagés en blanc.

149. N° 5 de la série de l'Acad. — *Y son fieras*. (Et elles sont comme des bêtes féroces.)
    Eau-forte mêlée d'aqua-tinte, avec des retouches à la pointe sèche sur le pantalon du soldat qui est au premier plan.

Les épreuves anciennes offrent deux états : le 1er est avant le numéro et avant les travaux de pointe, le 2e avec le n° 28 gravé à l'angle inférieur de gauche ; tous deux présentent le mé-lange d'eau-forte et d'aqua-tinte sur le fond et sur une partie des terrains. Le Cabinet des estampes possède une curieuse épreuve de ce 2e état, avant que la marge du cuivre ait été net-toyée.

150. N° 6 de la série de l'Acad. — *Bien te se esta*. (Qu'elle te soit un bien.)

7

Eau-forte mêlée d'aqua-tinte, signée à l'angle inférieur de gauche.

Les épreuves d'essai anciennes offrent deux états : le 1ᵉʳ porte seulement le n° 26 dans l'angle inférieur, à gauche de la planche ; le 2ᵉ présente, outre le n° 26, le n° 6 ajouté à gauche et en haut de la pièce. Ces deux états sont d'eau-forte très-légèrement soutenue d'aqua-tinte dans les terrains principalement.

151. N° 7 de la série de l'Acad. — *Que valor !* (Quel courage !)
Eau-forte mêlée d'aqua-tinte.

Les épreuves anciennes que nous avons pu rencontrer sont toutes avant l'aqua-tinte et portent seulement le n° 41 gravé à l'angle inférieur de gauche ; le trait carré s'y trouve très-faiblement accusé.

152. N° 8 de la série de l'Acad. — *Siempre succede.* (Cela arrive toujours.)
Eau-forte.

Les épreuves anciennes sont d'eau-forte pure, avec le fond de la pièce entièrement blanc ; le trait carré n'y est pas encore tracé à la pointe.

153. N° 9 de la série de l'Acad. — *No quieren.* (Elles ne veulent pas.)
Eau-forte mêlée d'aqua-tinte.

Les épreuves contemporaines de Goya présentent trois états : le 1ᵉʳ est d'eau-forte pure avant tout numéro ; le 2ᵉ est après le n° 29 gravé à l'angle inférieur de gauche : il est aussi d'eau-forte pure ; dans le 3ᵉ, Goya a appliqué l'aqua-tinte sur les fonds et les terrains, mais les clairs sur les vêtements de la femme sont entièrement ménagés en blanc.

Le Cabinet des estampes possède le 1ᵉʳ et le 2ᵉ ; nous avons rencontré le 3ᵉ dans la collection Carderera.

154. N° 10 de la série de l'Acad. — *Tampoco.* (Non plus.)
Eau-forte avec les fonds très-légèrement teintés.

Les épreuves anciennes portent seulement le n° 19 inscrit dans la marge du bas : elles sont d'eau-forte pure et les parties en lumière ne présentent pas la très-légère coloration que l'on remarque dans les épreuves modernes. Nous soupçonnons un état antérieur et avant tout numéro.

155. N° 11 de la série de l'Acad. — *Ni por esas.* (Ni pour celles-ci.)
Eau-forte.

Les épreuves anciennes présentent trois états bien distincts :
le 1er est avant tout numéro ; le 2e est avec le n° 18, tracé en bas
de la marge, à gauche ; dans le 3e on a, en outre, gravé le n° 11,
qui subsiste aujourd'hui en haut de l'estampe, à gauche.

Le Cabinet des estampes possède un exemplaire du 1er état.

156. N° 12 de la série de l'Acad. — *Para eso habeis nacido?* (Êtes-
vous donc né pour cela ?) — Eau-forte.

Elle porte la signature de Goya dans le terrain de gauche.

Les anciennes épreuves offrent deux états : le 1er est avant tout
numéro ; dans le 2e, le n° 24 a été gravé dans la marge du bas.

157. N° 13 de la série de l'Acad. — *Amarga presencia.* (Amère
présence.)

Eau-forte, signée Goya à l'angle inférieur de gauche.

Les épreuves contemporaines de l'artiste présentent deux états :
le 1er est avant tout numéro et le 2e après le n° 2 gravé dans la
marge du bas et à gauche de l'estampe.

Un exemplaire du premier état au Cabinet des estampes.

158. N° 14 de la série de l'Acad. — *Duro es el paso.* (Le pas est
dur.)

Eau-forte.

Les anciennes épreuves sont de deux états : le 1er est avant
tout numéro, et le 2e après le n° 23 gravé à l'angle inférieur de
gauche.

Un exemplaire du premier état au Cabinet des estampes.

159. N° 15 de la série de l'Acad. — *Y no hai remedio.* (Et il n'y a
pas de remède.)

Eau-forte avec des retouches de pointe sèche.

Les quelques épreuves d'essai que nous avons pu rencontrer
sont toutes avant le numéro et présentent déjà les retouches de
pointe sèche.

160. N° 16 de la série de l'Acad. — *Se aprovechan.* (Ils s'approvi-
sionnent.)

Eau-forte.

Elle est signée Goya dans le terrain de gauche ; c'est, à coup
sûr, l'une des plus belles pièces de la série.

Les anciennes épreuves sont avant le numéro et avec les
fonds entièrement ménagés en blanc, tandis qu'ils sont légèrement colorés dans les épreuves de l'Académie de Madrid.

161. N° 17 de la série de l'Acad. — *No se convienen*. (Ils ne s'accordent pas.)

Eau-forte, signée Goya vers le milieu du terrain.

Les épreuves d'essai sont de deux états : le 1er est avant tout numéro, et le 2e après que le n° 17 a été gravé à l'angle inférieur de gauche.

162. N° 18 de la série de l'Acad. — *Enterrar y callar*. (Enterrer les morts et se taire.)

Eau-forte avec quelques retouches de pointe sèche. Cette pièce est signée Goya dans la partie gauche de la planche.

Les exemplaires anciens présentent deux états : le 1er est avant le numéro, le 2e après le n° 18 gravé dans la marge du bas ; l'un et l'autre sont après les reprises de pointe sèche. Le Cabinet des estampes possède une épreuve du 1er état tirée avant que la marge du cuivre ait été nettoyée.

163. N° 19 de la série de l'Acad. — *Ya no hai tiempo*. (Il n'est déjà plus temps.)

Eau-forte avec quelques légères reprises de pointe sèche.

Les anciennes épreuves offrent deux états : le 1er avant tout numéro, le 2e avec le n° 21 gravé dans la marge inférieure ; l'un et l'autre présentent les reprises de pointe sèche.

164. N° 20 de la série de l'Acad. — *Curarlos, y á otra*. (Les guérir. et puis à un autre.)

Eau-forte signée Goya à la gauche de l'estampe.

Les épreuves d'essai sont avant tout numéro ; le Cabinet des estampes en possède de fort belles, obtenues avant que la marge ait été nettoyée et entièrement ménagée.

165. N° 21 de la série de l'Acad. — *Será lo mismo*. (Ce sera la même chose.)

Eau-forte mêlée d'aqua-tinte signée Goya, à gauche, près de la bordure.

Les anciennes épreuves sont d'eau-forte pure et de deux états : le 1er est avant le numéro, le 2e offre le n° 25 dans la marge du bas.

Le Cabinet des estampes possède un exemplaire du 1er état obtenu avant que la marge du cuivre ait été nettoyée.

166. N° 22 de la série de l'Acad. — *Tanto y mas*. (Tant et plus.)

Eau-forte signée Goya, 1810, dans le terrain de gauche.

Dans les épreuves contemporaines du maître, le fond de la pièce apparaît complétement blanc. Toutes celles que nous avons pu collationner sont avant le numéro.

167. N° 23 de la série de l'Acad. — *Lo mismo en otras partes.* (La même chose sur un autre point.)

Eau-forte avec quelques reprises de pointe sèche signée Goya dans le terrain de gauche, et une autre fois près de la bordure, vers le milieu du bas.

Nous notons deux états dans les épreuves d'essai : le 1er est avant le numéro, et le 2e présente le n° 14 gravé au bas de la planche, à gauche ; l'un et l'autre sont avec les reprises de pointe sèche.

168. N° 24 de la série de l'Acad. — *Aun podran servir.* (Ils pourront encore servir.)

Eau-forte portant la signature de l'artiste dans le terrain de gauche.

Les épreuves anciennes offrent les deux états suivants : le 1er est avant tout numéro, et le 2e porte le n° 12 dans la marge inférieure de gauche. Un exemplaire du 1er état dans la collection de M. Burty.

169. N° 25 de la série de l'Acad. — *Tambien estos.* (Et ceux-là également.)

Eau-forte. La signature Goya est tracée sur le banc, à la gauche de l'estampe.

Nous distinguons deux états dans les épreuves contemporaines du maître : le 1er est avant le numéro, et le 2e avec le n° 13 gravé dans la marge du bas. Un exemplaire du 1er état existe dans la collection Carderera, et un du 2e au Cabinet des estampes.

170. N° 26 de la série de l'Acad. — *No se puede mirar.* (On ne peut voir cela.)

Eau-forte soutenue de quelques légères touches d'aqua-tinte, signée au bas de la gauche.

Les épreuves anciennes offrent le mélange d'eau-forte et d'aqua-tinte dans le ciel et sur les vêtements du personnage étendu à terre ; elles portent le n° 27 gravé dans la marge inférieure.

171. N° 27 de la série de l'Acad. — *Caridad.* (Charité.)

Eau-forte soutenue de quelques travaux de pointe sèche signée Goya, 1810, au bas de la planche, à gauche.

Nous distinguons trois états bien caractérisés dans les épreuves anciennes : le 1er est avant le numéro et avant nombre de travaux de pointe sèche, notamment sur les corps que l'on précipite et sur la partie supérieure du terrain de gauche restée entièrement blanche ; le 2e est encore avant le numéro, mais après les travaux ajoutés ; enfin le 3e est avec le n° 11 gravé dans la marge du bas.

Le Cabinet des estampes possède une épreuve du 1er état ; nous avons rencontré le 2e et le 3e dans la collection Carderera.

172. N° 28 de la série de l'Acad. — *Populacho*. (Populace.)

Eau-forte un peu mêlée d'aqua-tinte. Épreuves obtenues d'un cuivre très-altéré.

Les épreuves contemporaines de Goya sont d'eau-forte pure ; le trait carré n'y apparaît pas nettement tracé autour de la pièce : elles portent le n° 28 gravé à l'angle supérieur de gauche, et le bas de la pièce est venu avec de nombreuses taches d'eau-forte.

173. N° 29 de la série de l'Acad. — *Lo merecia*. (Il le méritait [1].)

Eau-forte mêlée d'aqua-tinte. Cuivre très-altéré et imparfaitement mordu.

Les épreuves d'essai sont seulement d'eau-forte pure ; le ciel y apparaît rayé de coups de pointe parallèles qui ont disparu dans les épreuves modernes ; le trait de la bordure n'a pas encore été retracé à la pointe. Goya devait vraisemblablement retoucher cette planche, qui n'est guère qu'ébauchée.

---

1. C'est ironiquement que Goya s'exprime ainsi : que l'on ne s'y méprenne pas. L'artiste, ou plutôt le penseur qui a gravé les *Prisonniers*, et qui, en vingt endroits de son œuvre, s'est efforcé de faire partager l'horreur ou le dégoût que lui inspirent et les représailles sanglantes, et les raffinements ajoutés au supplice, ou encore leurs appareils hideux, ne saurait être suspect d'avoir approuvé dans la planche 173 l'acte révoltant qu'il y a reproduit, et que bien certainement il réprouvait dans la précédente. Le mot *populacho* qu'il emploie pour stigmatiser les auteurs des assassinats et des *arrastramientos* dont plusieurs villes furent le théâtre aux premiers temps de l'invasion française, nous semble devoir ne laisser place à aucun doute sur ses sentiments véritables.

174. N° 30 de la série de l'Acad. — *Estrasgos de la guerra*. (Désastres de la guerre.)

Eau-forte mêlée d'un peu d'aqua-tinte et très-retravaillée à la pointe sèche. Elle porte la signature de l'artiste au bas de la planche, à gauche.

Les épreuves anciennes sont d'eau-forte pure et avant tout numéro. Toutes celles que nous avons pu comparer étaient après les reprises de pointe sèche.

175. N° 31 de la série de l'Acad. — *Fuerte cosa es!* (Voilà qui est fort!)

Eau-forte mêlée d'aqua-tinte. Cuivre remordu et repris à la pointe sèche dans quelques parties du groupe du fond.

Nous distinguons deux états dans les épreuves d'essai : le 1er est avant tout numéro, et le 2e avec le n° 32 gravé à l'angle inférieur de la planche, à gauche. Tous deux sont d'eau-forte pure et avant les reprises de pointe sèche.

Les exemplaires de ces deux états, que nous avons rencontrés au Cabinet des estampes et dans la collection Carderera, offrent cette particularité qu'ils ont été tirés avant que le bord de la planche ait été nettoyé, le trait carré tracé et que la marge soit entièrement ménagée.

176. N° 32 de la série de l'Acad. — *Pórque?* (Pourquoi?)

Eau-forte.

Les exemplaires des épreuves anciennes portent le n° 49 dans la marge du bas et ne présentent pas encore cette marge telle qu'elle a été ménagée autour de l'estampe dans les épreuves modernes.

177. N° 33 de la série de l'Acad. — *Que hai que hacer mas?* (Que peut-on faire de plus?)

Eau-forte mêlée d'aqua-tinte et retravaillée à la pointe, notamment sur le cadavre du prisonnier ainsi que sur le visage et le colback du soldat qui occupe la droite.

Les épreuves d'essai portent un numéro illisible (17?) dans la marge inférieure à gauche et présentent les reprises de pointe sèche, mais elles sont avant le trait carré tracé autour de la pièce.

178. N° 34 de la série de l'Acad. — *Por una navaja*. (Pour un couteau.)

Eau-forte avec des reprises de pointe sèche.

Les épreuves anciennes sont de deux états : les unes sont avant tout numéro et les autres avec le n° 34 gravé dans l'angle supérieur de gauche ; dans toutes, le trait carré y est à peine visible.

179. N° 35 de la série de l'Acad. — *No se puede saber porque.* (On ne peut savoir pourquoi.)

Eau-forte mêlée d'aqua-tinte et reprise à la pointe sèche.

Les épreuves d'essai contemporaines du maître présentent déjà le mélange d'aqua-tinte et les reprises de pointe sèche ; mais la partie gauche de l'échafaud, les lumières, et en général tout le fond de la pièce, n'ont point encore reçu la coloration uniforme appliquée dans les épreuves modernes ; elles ne portent aucun numéro.

180. N° 36 de la série de l'Acad. — *Tampoco.* (Non plus.)

Eau-forte

Les épreuves anciennes offrent deux états : le 1er est avec le n° 39 inscrit dans la marge du bas et avant que le trait carré ait été tracé ; dans le 2e, le n° 39 subsiste et l'on a gravé le n° 36 en haut, à gauche.

181. N° 37 de la série de l'Acad. — *Esto es peor.* (Ceci est pire.)

Eau-forte, avec de légers travaux de pointe sèche sur la cuisse, sur le pied et dans les cheveux du supplicié.

Les épreuves d'essai portent le n° 32 dans la marge inférieure, et la marge, qui n'apparaît dans les exemplaires modernes que parce que le fond de la pièce a été légèrement coloré, n'existe pas encore dans ces premières épreuves.

182. N° 38 de la série de l'Acad. — *Barbaros !* (Barbares !)

Eau-forte mêlée d'aqua-tinte ; pièce mal aqua-tintée et fâchée.

Les épreuves anciennes présentent deux états : le 1er, d'eau-forte pure, est avant le numéro et avant que la marge ait été ménagée ; le 2e est d'eau-forte mêlée d'aqua-tinte ; il porte le n° 38 entièrement gravé dans la planche. Dans les exemplaires modernes, le trait carré a été retracé et une marge plus grande obtenue en rétrécissant l'estampe de 4 à 5 millimètres de chaque côté.

Le Cabinet des estampes possède une épreuve du 1er état.

183. N° 39 de la série de l'Acad. — *Grande hazaña! con muertos!* (Grande prouesse! et contre des morts!)

Eau-forte retravaillée à la pointe sèche; elle est signée Goya dans le terrain de gauche.

Les épreuves contemporaines du maître présentent déjà les légers travaux ajoutés sur les cadavres, mais le trait carré n'y est pas tracé.

184. N° 40 de la série de l'Acad. — *Algun partido saca.* (Il en tire quelque parti [1].)

Eau-forte, avec quelques légères reprises à la pointe sèche.

Les épreuves anciennes sont d'eau-forte pure; celles qu'il nous a été donné de rencontrer présentaient toutes le n° 40, déjà tracé dans l'angle supérieur de la marge tel qu'il subsiste dans le tirage moderne.

185. N° 41 de la série de l'Acad. — *Escapan entre las llamas.* (Ils s'échappent à travers les flammes.)

Eau-forte, soutenue d'aqua-tinte et légèrement reprise à la pointe sèche. Signée dans le terrain de gauche.

Les épreuves anciennes présentent deux états, tous deux d'eau-forte pure : le 1er état est avant le numéro et le 2e après le n° 10, gravé dans la marge du bas.

186. N° 42 de la série de l'Acad. — *Todo va revuelto.* (Tout va de travers.)

Eau-forte.

Les épreuves contemporaines du maître sont avant que le trait carré ait été retracé et renforcé tout autour de l'estampe; elles offrent déjà le n° 42 tracé à l'angle supérieur de la marge tel qu'il subsiste dans le tirage moderne. Le fond de la pièce est blanc.

187. N° 43 de la série de l'Acad. — *Tambien esto.* (Et aussi cela.)

Eau-forte mêlée d'aqua-tinte.

---

1. Cette légende, assez obscure, nous semble cependant susceptible d'être interprétée ainsi : Durant l'invasion, et aux termes des ordonnances fort rigoureuses des autorités militaires, le port d'un couteau arriva à être considéré comme un crime qui, ainsi qu'on l'a vu dans les planches 178 et 179, entraînait le supplice par le garrot. Goya, supposons-nous, a ironiquement voulu prouver qu'un couteau, malgré toutes les ordonnances, pouvait bien, parfois, être bon à quelque chose.

Les épreuves anciennes sont d'eau-forte pure et portent le n° 40 gravé dans la marge inférieure, le trait carré non encore tracé.

188. N° 44 de la série de l'Acad. — *Yo lo vi.* (J'ai vu cela.)

Eau-forte et pointe sèche. Signée Goya dans le terrain de gauche.

Les épreuves anciennes présentent deux états : le 1er avant tout numéro, le 2e avec le n° 15, gravé dans la marge du bas ; l'un et l'autre sont avec les légers travaux de pointe sèche qui recouvrent la tête de l'enfant, porté sur l'épaule, et quelques figures des derniers plans.

189. N° 45 de la série de l'Acad. — *Y esto tambien.* (Et cela aussi.)

Eau-forte mêlée d'aqua-tinte, signée vers le bas de la planche à gauche.

Nous distinguons trois états dans les épreuves contemporaines de l'artiste : le 1er est d'eau-forte pure et avant tout numéro ; le 2e, avant le numéro, présente le mélange d'eau-forte et d'aqua-tinte dans les terrains et sur quelques parties des vêtements des personnages du premier plan ; le 3e est après le n° 45, gravé dans l'angle supérieur de gauche.

Le Cabinet des estampes possède un exemplaire du 1er état, obtenu avant que la marge du cuivre ait été nettoyée.

190. N° 46 de la série de l'Acad. — *Esto es malo.* (Ceci est mal.)

Eau-forte mêlée d'aqua-tinte. Cette planche, remordue à diverses reprises, est assez mal venue, et plus particulièrement dans le tirage de l'Académie.

Les épreuves anciennes présentent les variantes ci-après : 1er état, avant le numéro ; 2e, avec le n° 53 à l'angle inférieur de la marge ; 3e, avec ce même n° 53 et en outre avec le n° 46 gravé en haut de la planche à gauche. Tous trois sont d'eau-forte pure et indiquent que les diverses morsures sont bien du fait même de Goya.

Nous avons rencontré le 1er et le 2e au Cabinet des estampes et le 3e dans la collection Carderera.

191. N° 47 de la série de l'Acad. — *Asi sucedió.* (C'est arrivé ainsi.)

Eau-forte mêlée d'aqua-tinte.

Les épreuves anciennes offrent deux états, tous deux d'eau-forte mêlée d'aqua-tinte : le 1er état est avant la marge ménagée et avant le numéro ; le 2e état est également avant la marge ména-

gée ; mais le n° 33 a été gravé dans l'angle inférieur gauche de
la planche.

Un exemplaire du 1er état, collection Carderera ; et du 2e, au
Cabinet des estampes.

192. N° 48 de la série de l'Acad. — *Cruel lastima !* (Cruel malheur [1]) !

Eau-forte mêlée d'aqua-tinte. Planche mal remordue.

Les épreuves anciennes présentent le mélange d'eau-forte et
d'aqua-tinte étendu faiblement sur le ciel et sur le terrain de
droite. Nous remarquons sur ces épreuves les différences suivantes : un 1er état est avant tout numéro, le 2e est avec le n° 41
gravé dans la marge inférieure, et un 3e reproduit ce n° 41 et en
outre le n° 48 ajouté en haut de l'estampe, et à gauche.

Nous avons rencontré ces divers exemplaires au Cabinet des
estampes et dans la collection Carderera.

193. N° 49 de la série de l'Acad. — *Caridad de una muger.* (La charité d'une femme.)

Eau-forte, très-légèrement soutenue d'aqua-tinte.

Les épreuves contemporaines de Goya sont également aqua-
tintées ; mais le fond de la pièce n'ayant pas été entièrement
coloré, comme dans le tirage de l'Académie, les clairs, ménagés
sur les vêtements des personnages, y apparaissent entièrement
blancs. Ces épreuves présentent le n° 49 tel qu'il subsiste dans
les exemplaires modernes.

194. N° 50 de la série de l'Acad. — *Madre infeliz !* (Mère in-
fortunée.)

Eau-forte mêlée d'aqua-tinte.

Les épreuves d'essai sont aussi d'eau-forte et d'aqua-tinte,
mais les clairs y sont entièrement ménagés en blanc.

195. N° 51 de la série de l'Acad. — *Gracias á la almorta.* (Grâce au
millet.)

Eau-forte mêlée d'aqua-tinte. Cuivre remordu et fort gâté.

Les épreuves anciennes sont aqua-tintées ; les clairs, qui n'ont
pas reçu la coloration uniformément appliquée sur le fond entier

---

1. Cette planche et celles qui vont suivre, jusqu'au n° 209, durent être
inspirées à Goya par l'horrible famine qui sévit à Madrid de 1811 à 1812,
époque durant laquelle la capitale perdit plus de 20,000 de ses habitants
en moins de onze mois. 1811 s'appelle en Espagne : *El año del hambre*,
l'année de la faim.

de la planche dans les épreuves modernes, y apparaissent ménagés en blanc ; elles présentent deux états : le 1er est numéroté 46 dans la marge du bas ; le 2e reproduit ce chiffre avec le n° 51 gravé dans la marge supérieure.

196. N° 52 de la série de l'Acad. — *No llegan à tiempo*. (Elles n'arrivent pas à temps.)

Eau-forte.

Les épreuves contemporaines de l'artiste présentent deux états : le 1er avec un seul numéro illisible tracé dans la marge du bas, le 2e après le n° 52 gravé dans la marge du haut.

197. N° 53 de la série de l'Acad. — *Espiro sin remedio*. (Il mourut sans qu'on pût lui porter secours.)

Eau-forte mêlée d'aqua-tinte. Ce cuivre a été mal aqua-tinté dans les fonds et dans les terrains.

Les épreuves anciennes sont aqua-tintées et offrent les différences suivantes : le 1er état est avec le n° 43 gravé dans la marge inférieure, le 2e avec ce même numéro et de plus le chiffre 53 gravé dans la marge supérieure. Peut-être existe-t-il encore un état antérieur d'eau-forte pure.

198. N° 54 de la série de l'Acad. — *Clamores en vano*. (Vaines clameurs.)

Eau-forte.

Les épreuves d'essai présentent deux états : le 1er porte le n° 45 dans la marge du bas, le 2e reproduit ce même numéro, et en outre le chiffre 54 gravé dans la marge du haut à gauche.

199. N° 55 de la série de l'Acad. — *Lo peor es pedir*. (Le pire est qu'il faut mendier.)

Eau-forte mêlée d'aqua-tinte, signée à l'angle de la planche à gauche.

Les épreuves anciennes offrent les différences suivantes : le 1er état ne porte que le n° 37 dans la marge du bas, le 2e reproduit ce numéro et aussi le chiffre 55 gravé dans la marge supérieure ; dans l'un et l'autre, le ciel est très-légèrement coloré.

200. N° 56 de la série de l'Acad. — *Al cementerio !* (Au cimetière !)

Eau-forte.

Toutes celles des épreuves d'essai qu'il nous a été donné de collationner portaient le seul n° 30 à l'angle inférieur de la marge, à gauche. Le Cabinet des estampes en possède un exemplaire.

201. Nº 57 de la série de l'Acad. — *Sanos y enfermos.* (Sains et malades.)

Eau-forte mêlée d'aqua-tinte.

Les épreuves anciennes sont, les unes avant tout numéro, d'autres avec le nº 51 gravé en haut et à l'angle de gauche. La partie supérieure du ciel et le pilier sont légèrement aqua-tintés.

202. Nº 58 de la série de l'Acad. — *No hay que dar voces.* (Inutile de crier.)

Eau-forte mêlée d'aqua-tinte. Cuivre trop mordu.

Les épreuves d'essai, contemporaines du maître, sont très-légèrement aqua-tintées. Elles offrent les différences suivantes : le 1ᵉʳ état est avant tout numéro; dans le 2ᵉ, le nº 34 a été gravé dans la marge du bas.

Le Cabinet des estampes possède un exemplaire du 2ᵉ; nous avons rencontré le 1ᵉʳ dans la collection Carderera : dans l'un et l'autre, l'épreuve est obtenue avant que la marge du cuivre ait été nettoyée.

203. Nº 59 de la série de l'Acad. — *De que sirve una tassa?* (A quoi sert une pauvre tasse?)

Eau-forte mêlée d'aqua-tinte. Planche remordue et très-gâtée.

Les épreuves anciennes présentent entre elles les différences suivantes : un 1ᵉʳ état est avant tout numéro, et la marge du cuivre n'a pas encore été nettoyée ; le 2ᵉ est numéroté 3 à l'angle inférieur de gauche ; enfin, dans le 3ᵉ, le nº 3, à peine visible dans l'état antérieur, a à peu près disparu, et le nº 59 a été gravé dans l'angle supérieur à gauche ; ces trois états avec l'aquatinte.

204. Nº 60 de la série de l'Acad. — *No hay quien les socorra.* (Personne pour les secourir.)

Eau-forte mêlée d'aqua-tinte. Planche mal mordue et mal aqua-tintée, surtout dans les terrains et sur le ciel.

Les épreuves d'essai sont de deux états, tous deux avec l'aquatinte. Le 1ᵉʳ est avec le nº 31, à peine apparent sur la marge inférieure ; dans le 2ᵉ état le nº 31 subsiste encore, et l'on a ajouté le chiffre 60 à l'angle supérieur de la planche, à gauche.

205. N° 61 de la série de l'Acad. — *Si son de otro linage?* Seraient-
ils donc d'une race différente?)

Eau-forte.

Les épreuves contemporaines de Goya présentent les différences suivantes : 1er état, avant tout numéro ; 2e état, avec le n° 35
gravé à l'angle inférieur de gauche.

Nous avons rencontré l'un au Cabinet des estampes, la marge
du cuivre non encore nettoyée, et l'autre dans la collection
Carderera.

206. N° 62 de la série de l'Acad. — *Las camas de la muerte.* (Les lits
de la mort.)

Eau-forte mêlée d'aqua-tinte.

Les épreuves d'essai offrent deux états : le 1er d'eau-forte pure
et le 2e après le mélange d'eau-forte et d'aqua-tinte ; mais, le
fond de la pièce n'apparaissant pas entièrement coloré, comme
dans le tirage de l'Académie, les clairs s'y détachent nettement
en blanc.

207. N° 63 de la série de l'Acad. — *Muertos recogidos.* (Morts ra-
massés.)

Eau-forte mêlée d'aqua-tinte.

Les épreuves anciennes présentent le mélange d'eau-forte et
d'aqua-tinte, mais seulement sur le ciel et sur la partie droite
des terrains ; les clairs des draperies y sont entièrement ménagés en blanc.

208. N° 64 de la série de l'Acad. — *Carretadas al cementerio.* (Charre-
tées pour le cimetière.)

Eau-forte. Planche trop mordue.

Les tirages anciens offrent entre eux les différences suivantes :
un 1er état est avant tout numéro, le 2e porte le n° 38 gravé
dans la marge du bas, et le 3e reproduit ce dernier numéro
avec le chiffre 64 ajouté dans la marge du haut.

Le Cabinet des estampes possède le 1er de ces états avec la
marge de la planche non encore nettoyée ; nous avons rencontré les 2e et 3e dans la collection Carderera.

209. N° 65 de la série de l'Acad. — *Que alboroto es este?* (Que si-
gnifie ce tumulte?)

Eau-forte mêlée d'aqua-tinte.

Les épreuves anciennes sont d'eau-forte pure. Un 1er état

avant tout numéro et un 2ᵉ avec le nᵒ 65 gravé à l'angle supérieur de gauche.

210. Nᵒ 66 de la série de l'Acad. — *Estraña devocion.* (Étrange dévotion.)

Eau-forte mêlée d'aqua-tinte.

Les épreuves anciennes sont très-légèrement brunies d'aquatinte sur quelques parties des vêtements des personnages du premier plan. Le ciel et les lumières y restent entièrement ménagés en blanc. Le nᵒ 66 est gravé en haut à gauche.

211. Nᵒ 67 de la série de l'Acad. — *Esta no lo es menos.* (Celle-ci ne l'est guère moins.)

Eau-forte.

Les épreuves anciennes portent le nᵒ 67 gravé en haut à gauche ; les clairs de la pièce se détachent nettement en blanc et le fond n'a pas reçu la coloration uniforme des épreuves de l'Académie.

212. Nᵒ 68 de la série de l'Acad. — *Que locura !* (Quelle sottise !)

Eau-forte mêlée d'aqua-tinte.

Les épreuves contemporaines de Goya sont légèrement touchées d'aqua-tinte, dans le terrain principalement. Le nᵒ 68 est gravé à l'angle supérieur de gauche.

213. Nᵒ 69 de la série de l'Acad. — *Nada. Ella dira* [1]. (Néant. Elle-même le dira.)

Eau-forte mêlée d'aqua-tinte. Cette planche semble tachée par les *coulures* de l'acide.

Les épreuves contemporaines du maître sont après l'aqua-tinte ; elles portent le nᵒ 66 dans l'angle inférieur de la planche, à la gauche. Dans le tirage moderne, la planche a été rétrécie de quelques millimètres pour obtenir une marge qui n'existe pas dans les épreuves anciennes.

214. Nᵒ 70 de la série de l'Acad. — *No saben el camino* [2]. (Ils ne savent pas le chemin.)

---

1. L'Académie de San Fernando a fait altérer ici l'épigraphe que Goya avait destinée à cette pièce (une des plus caractéristiques cependant au point de vue des opinions religieuses de l'artiste), et que nous reproduisons telle que nous l'avons trouvée dans l'exemplaire de Cean Bermudez : Nada! Ello lo dice... (Néant ! Elle-même le dit...)

2. Nous sommes évidemment en 1814. Ferdinand VII règne sur l'Espa-

Eau-forte, soutenue de travaux de pointe sèche.

Les épreuves anciennes sont après les travaux de pointe ; mais le fond de la pièce et les lumières se détachent nettement en blanc et n'ont pas reçu la coloration étendue sur ces parties dans le tirage de l'Académie.

215. N° 71 de la série de l'Acad. — *Contra el bien general.* (Contre le bien de tous.)

Eau-forte.

Les épreuves anciennes n'ont pas reçu la teinte uniformément étendue dans les exemplaires de l'Académie.

216. N° 72 de la série de l'Acad. — *Las resultas.* (Les conséquences.)

Eau-forte.

Les épreuves anciennes sont simplement d'eau-forte pure sans la teinte générale appliquée sur les fonds que l'on remarque dans le tirage moderne.

217. N° 73 de la série de l'Acad. — *Gatesca pantomima.* (Pantomime féline.)

Eau-forte.

Dans les épreuves anciennes, le fond de la pièce reste blanc ; il est coloré dans les épreuves de l'Académie.

218. N° 74 de la série de l'Acad. — *Esto es lo peor.* (Voilà qui est pire.)

Eau-forte.

Les épreuves anciennes n'ont pas reçu la teinte que l'on rencontre uniformément étendue sur le fond de la pièce dans le tirage de l'Académie.

219. N° 75 de la série de l'Acad. — *Farandula de charlatanes.* (Farandole de charlatans.)

Eau-forte mêlée d'aqua-tinte.

Les épreuves anciennes sont d'eau-forte très-légèrement soutenue d'aqua-tinte dans les terrains et sur les groupes du second plan.

220. N° 76 de la série de l'Acad. — *El buitre carnivoro* [1]. (Le vautour carnivore.)

---

gne. L'œuvre libérale des cortès de Cadix est anéantie, et ceux des hommes politiques qui y eurent part vont souffrir ou l'exil ou la captivité.

1. L'aigle impériale est vaincue et l'Espagne est libre. Cette pièce porte avec elle sa date : fin de 1813 ou premiers mois de 1814.

Eau-forte très-légèrement mêlée d'aqua-tinte.

Les épreuves anciennes sont d'eau-forte pure ; le fond de la pièce est blanc.

221. N° 77 de la série de l'Acad. — *Que se rumpe la cuerda !* (La corde se rompt[1]!)

Eau-forte un peu soutenue d'aqua-tinte.

Les épreuves contemporaines du maître sont d'eau-forte pure avec le fond de la pièce nettement ménagé en blanc.

222. N° 78 de la série de l'Acad. — *Se defiende bien.* (Il se défend bien.)

Eau-forte.

Dans les épreuves anciennes, les clairs et les fonds sont obtenus blancs.

223. N° 79 de la série de l'Acad. — *Murió la verdad.* (La vérité mourut.)

Eau-forte.

Les clairs, dans les épreuves anciennes, se détachent nettement.

224. N° 80 de la série de l'Acad. — *Si resucitara?* (Ressuscitera-t-elle ?)

Eau-forte, avec quelques touches d'aqua-tinte.

Les épreuves anciennes sont aussi avec quelques touches d'aqua-tinte ; mais les clairs de la pièce y apparaissent nettement ménagés en blanc.

PIÈCES INÉDITES DES MALHEURS DE LA GUERRE

N°ˢ 225 à 226.

Les deux eaux-fortes qui suivent, et qui n'ont jamais été décrites, portent, dans l'unique exemplaire présentant en

1. Sur le dessin original qui fait partie de la collection Carderera, le personnage qui danse sur la corde est coiffé de la tiare à triple couronne. L'intention de Goya n'est donc pas douteuse, et nous comprenons difficilement que dans ce personnage qui porte le camail et le rochet on ait pu voir le roi Joseph ou bien l'empereur Napoléon.

entier la série des épreuves des *Malheurs de la guerre*, les n°ˢ 81 et 82, ceux-là mêmes que nous avons trouvés gravés sur les cuivres.

Nous avons dit déjà qu'à l'époque où l'Académie de San Fernando acquit les quatre-vingts planches qu'elle a fait éditer sous ses auspices, les deux dernières, passées en d'autres mains, ne lui furent pas présentées, et que la publication dut s'effectuer incomplète de ces précieuses planches.

Cette lacune, que nous nous sommes empressé de combler, puisque d'heureuses recherches nous ont permis de retrouver les cuivres distraits et de les offrir à l'Académie, serait demeurée, sans cette précieuse trouvaille, d'autant plus regrettable, que la planche 82 est précisément comme la conclusion philosophique de l'idée développée par Goya dans toute cette curieuse seconde partie des *Malheurs de la guerre*, et en même temps l'une de celles où s'affirment le plus clairement les singulières aspirations humanitaires de l'artiste espagnol. Quant à la planche 81, elle joint à son énergique portée satirique une rare beauté d'exécution.

225. N° 81 de la série. — *Fiero monstruo.* (Fier monstre.)

Un énorme animal, dont la tête offre les caractères de la race féline, la gueule largement entr'ouverte, rejette un monceau d'êtres humains.

Dim. : larg., 194 mill. ; haut., 151 mill.

Eau-forte avec quelques très-légères touches d'aqua-tinte.

Les légendes de cette pièce et de la suivante sont celles-là mêmes que Goya a tracées au crayon sur les épreuves de l'exemplaire offert par lui à Cean Bermudez.

226. N° 82 de la série. — *Esto es lo verdadero.* (Ceci est le vrai.)

Sur un fond de ciel tout irradié, une belle jeune femme debout, les seins nus, la tête couronnée de fleurs, et vêtue d'une riche tunique et d'un manteau aux larges plis, pose l'une de ses mains sur l'épaule d'un homme dont les traits abrutis sont encore rendus plus grossiers, plus sauvages, par de longs cheveux, vraie crinière inculte, et par une barbe démesurée : cet homme tient une houe. De sa main gauche étendue, la belle apparition montre au *vieil homme* l'horizon rayonnant de *l'aurore d'un nouvel avenir*. A terre est posée une corbeille remplie de fleurs et de fruits ; un petit agneau paraît se presser, caressant, sous le manteau de la jeune femme. A droite sont entassées de plantureuses gerbes qu'ombragent les rameaux d'un arbre tout chargé de fruits.

Dim. : larg., 191 mill. ; haut., 152 mill.

Eau-forte, très-légèrement soutenue d'aqua-tinte dans les fonds.

SUJETS RELIGIEUX

N°s 227 à 229.

227. *La fuite en Égypte*. — Eau-forte, signée à droite : Goya, inv^t et fecit.

> Dim. : haut., 125 mill. ; larg., 89 mill.

Cette petite pièce, assez rare, est très-probablement la première qu'ait gravée Goya ; elle est loin de donner à pressentir ce que sera un jour le talent du maître.

228. *Saint François de Paule*, en buste, les yeux levés au ciel ; il porte une longue barbe blanche. — Eau-forte signée à gauche, dans la marge du bas : Goya f^t.

> Dim. prises aux témoins du cuivre : haut., 32 mill. ; larg., 95 mill.

1er état, avec le mot *caritas* écrit à rebours. Épreuve au Cabinet des estampes.

2e état, avec le mot rétabli dans l'autre sens. Les épreuves anciennes de cet état sont tirées sur du papier très-fort. Elles ne sont pas rares.

La Chalcographie de Madrid tire encore des épreuves de ce cuivre qui est sa propriété ; les plus récentes sont obtenues sur papier satiné très-blanc.

229. *Saint Isidore*, patron de Madrid ; le saint, agenouillé, regarde le ciel les bras étendus : au fond, deux bœufs sous le joug. Le cadre est formé par deux troncs d'arbres. — Eau-forte signée à l'angle inférieur de gauche : Goya f.

> Dim. : haut., 231 mill. ; larg., 168 mill.

Épreuve, très-probablement unique, dans la collection Carderera.

SUJETS D'APRÈS VELAZQUEZ.

GRANDES PIÈCES.

Nᵒˢ 230 à 237.

230. *Felipe III*, portrait équestre dirigé vers la droite, avec l'inscription suivante dans la marge du bas :

« Felipe III, rey de España. Pintura de D. Diego Velasquez, del
« tamaño del natural, en el real palacio de Madrid, dibujada y
« grabada por D. Francisco Goya, pintor, año de 1778. »
Eau-forte. — Dim. : haut., 380 milll.; larg., 310 mill.

231. *Margarita de Austria*, portrait équestre dirigé vers la gauche avec l'inscription suivante dans la marge du bas :

« Dᵃ Margarita de Austria, reyna de España, muger de Fe-
« lipe III. Pintura de Diego Velazquez, del tamaño del natural,
« en el real palacio de Madrid, dibujada y grabada por D. Fran-
« cisco Goya, pintor, año de 1778.
Eau-forte. — Dim. : haut., 370 mill.; larg., 312 mill.

232. *Felipe IV*, portrait équestre dirigé vers la droite, avec l'inscription suivante dans la marge du bas :

« Felipe IV, rey de España. Pintura de D. Diego Velazquez, del
« tamaño del natural, en el real palacio de Madrid, dibujada y
« grabado por D. Francisco Goya, pintor, año de 1778. »
Eau-forte. — Dim. : haut., 370 mill.; larg., 315 mill.

1ᵉʳ état, avant l'inscription. Épreuve dans la collection Carde
rera.

233. *Isabel de Borbon*, portrait équestre dirigé vers la gauche, avec l'inscription suivante dans la marge du bas :

« Dᵃ Isabel de Borbon, reyna de España, mujer de Felipe IV.
« Pintura de D. Diego Velasquez, del tamaño del natural, en
« el real palacio de Madrid, dibujada y grabada por D. Francisco
« Goya, pintor, año de 1778. »

Eau-forte. — Dim. : haut., 370 mill. : larg., 315 mill.

1er état, avant l'inscription. Épreuve dans la collection Carderera.

234. *D. Baltasar Carlos*, portrait équestre du jeune prince, monté sur un poney lancé au galop et tourné vers la gauche, avec l'inscription suivante dans la marge du bas :

« D. Baltasar Carlos, principe de España, hijo del rey D. Fe-
« lipe IV. Pintura de D. Diego Velazquez, del tamaño del na-
« tural, dibujada y grabada por D. Francisco Goya, pintor,
« 1778. »

Eau-forte. — Dim. : 348 mill. ; larg., 220 mill.

1er état, avant l'inscription. Une épreuve figurait dans le catalogue de la vente H. de la Salle (1856), avec une épreuve d'essai de l'*Ésope* (n° 240), imprimée au verso.

235. *Don Gaspar de Guzman*, portrait équestre dirigé vers la gauche, avec l'inscription suivante dans la marge du bas :

« Don Gaspar de Guzman, conde de Olivarès, duque de San-
« lucar, etc. Pintura de D. Diego Velazquez, del tamaño del na-
« tural, en el real palacio de Madrid, dibujada y grabada por
« D. Francisco Goya, pintor, año de 1778. »

Eau-forte. — Dim. : haut., 372 mill. ; larg., 313 mill.

Les cuivres des pièces équestres existent encore à la Chalcographie de Madrid. Les épreuves contemporaines du maître, tirées sur papier fort, se distinguent facilement des modernes, obtenues sur papier vélin très-blanc.

236. *Las Meninas*. — Velazquez, peignant le portrait de l'infante Marguerite-Marie, entourée de ses menines. A gauche est Velazquez ; au milieu l'infante, à laquelle une fille d'honneur présente, à genoux, une tasse pleine d'eau ; à droite, une seconde fille d'honneur ; au premier plan, une naine et un nain qui donne un coup de pied à un gros chien couché en travers ; derrière ces figures, une dame d'honneur en costume de deuil s'entretient avec un officier du palais ; au fond, un personnage ouvre une porte. Dans un miroir se reflètent les images de Philippe IV et de sa femme.

Eau-forte. — Dim. prises à la bordure : haut., 360 mill. ; larg., 300 mill. Dim. prises aux témoins du cuivre : haut., 470 mill. ; larg., 360 mill.

Nous ne connaissons que sept épreuves de cette curieuse eau-forte qui ne porte ni signature ni inscription ; l'une d'elles, provenant, dit-on, de la collection Cean Bermudez, et qui fait partie du Cabinet royal des estampes, à Berlin, est tirée en double des deux côtés d'une même feuille, en sanguine, d'une face, et en noir de l'autre.

On a prétendu que Goya brisa cette planche, mécontent sans doute de sa lutte avec le chef-d'œuvre qu'il voulait reproduire ; mais D. V. Carderera déclare que ce fut de dépit d'avoir laissé mordre trop longtemps en voulant renforcer l'eau-forte de tons d'aqua-tinte ; il a vu, du reste, l'unique épreuve tirée après cet accident ; elle appartenait au général anglais Meade qui a résidé longtemps à Madrid.

237. *Baco coronando á los borrachos.* Bacchus couronnant des ivrognes ; des buveurs les entourent, tenant dans leurs mains des verres et des vases pleins de vin. On lit l'inscription suivante dans la marge du bas :

« Pintura de D. Diego Velazquez, con figuras del tamaño del
« natural, en el real palacio de Madrid, que representa un Baco
« fingido coronando algunos borrachos, dibujada y grabada por
« D. Francisco Goya, pintor, año de 1778. »

Eau-forte. — Dim. prises aux témoins du cuivre : haut., 435 mill. ; larg., 320 mill.

Nous ignorons ce qu'est devenu ce cuivre dont la Chalcographie n'a tiré d'épreuves en aucun temps ; toutes celles que nous connaissons sont contemporaines du maître.

SUITE DES SUJETS D'APRÈS VELAZQUEZ.

PETITES PIÈCES

Nᵒˢ 238 à 245.

238. *Un infant d'Espagne*[1], vêtu d'un costume noir et un fusil à la
main ; à ses pieds un chien. On lit l'inscription suivante dans la
marge du bas :

« Un infante de España. Pintura de Velazquez, del tamaño na-
« tural, en el real palacio de Madrid, dibux° y grabado por Fran-
« cisco Goya, pintor. »

Eau-forte mêlée d'aqua-tinte. — Dim. : haut., 255 mill. ; larg.,
126 mill.

1ᵉʳ état, à l'eau-forte pure et avant l'inscription. Épreuve dans
la collection Carderera.

2ᵉ état, avant l'inscription ; les parties sombres du costume de
l'infant, les terrains et les fonds ont reçu l'aqua-tinte. Épreuve
dans la collection Carderera.

3ᵉ état, après l'inscription.

Les épreuves modernes de cette planche, propriété de la
Chalcographie royale de Madrid, sont tirées sur papier vélin très-
blanc.

239. *Menippe.* — Un homme debout, riant, tourné à droite et se
drapant dans un manteau ; la tête est couverte d'un large feutre ;
à terre, un gros volume ouvert, un rouleau de papier et un livre ; au fond, une cruche sur un banc. Le mot *Mænippus* se lit
au haut de la planche à gauche. La marge du bas porte l'inscription suivante :

1. Cean Bermudez donne à cet infant le nom de D. Fernando.

« Sacada y grabada del quadro original de D. Diego Velaz-
« quez que existe en el real palacio de Madrid, por D. Francisco
« Goya, pintor, año de 1778. Representa a Menipo, filosofo de la
« statura natural. »

Eau-forte. — Dim. prises aux témoins du cuivre : haut.,
305 mill; larg., 220 mill.

1er état, avant toute inscription dans la marge du bas. Épreuve
dans notre collection.

2e état, avec l'inscription suivante :

« Menippo filosofo. Pintura de D. Diego Velazquez que esta en
« el palacio real de Madrid, grabada por D. Francisco Goya,
« pintor, año 1778. »

A la hauteur de la première ligne, et presque cachés par les
premiers et les derniers mots, on lit encore, très-légèrement gravés à la pointe, à chaque angle inférieur de la planche, les noms
d'auteurs ainsi disposés : à droite, Diego Velazquez ; à gauche,
F. G. — Nous ignorons s'il n'existe pas quelque épreuve tirée
seulement avec ces noms d'auteurs. Elle constituerait nécessairement un état antérieur à celui que nous décrivons et dont
une épreuve figure dans la collection Carderera.

3e état, avec l'inscription actuelle.

Cette planche existe encore à la Chalcographie de Madrid ;
les épreuves modernes sont tirées sur papier vélin très-
blanc.

240. *Ésope.* — Un homme debout, dirigé vers la gauche, la tête dé-
couverte ; sous son bras droit il retient un livre, la main gauche se perd dans les plis d'une sorte de longue robe de chambre
ouverte par devant ; à terre, un baquet dans lequel trempe du
linge. Au haut de la planche, à droite, on lit : *Æsopus*, et dans
la marge du bas :

« Sacada y grabada del quadro original de D. Diego Velazquez
« que existe en el real palacio de Madrid, por D. Francisco Goya,
« pintor, año 1778. Representa a Æsopo, el fabulador de la sta-
« tura natural. »

Eau-forte. — Dim. prises aux témoins du cuivre : haut.,
300 mill. ; larg., 220 mill.

1re état, avant toute inscription dans la marge du bas. Une
épreuve de cet état, tirée au verso de la planche représentant

l'infant D. Baltasar Carlos, figurait au catalogue de la vente H. de
la Salle (1856).

2e état, avec l'inscription suivante :

« Esopo el fabulator. Pintura de D. Diego Velazquez que esta
« en el palacio real de Madrid, grabada por D. Francisco Goya,
« pintor, año de 1778. »

Sous la première ligne, et à chaque angle de la planche, on lit
encore, légèrement gravés à la pointe, les noms d'auteurs disposés ainsi : à gauche, Diego Velazquez ; à droite, F. G. — Comme
pour le *Ménippe*, nous ignorons s'il n'existe pas quelque épreuve
tirée avec les noms d'auteurs seulement. Épreuve collection
Carderera.

3e état, avec l'inscription actuelle.

Les tirages de la Chalcographie sont obtenus sur papier vélin
très-blanc.

241 *Barberousse*[1], debout, dirigé vers la gauche, d'une main il tient
une épée nue, de l'autre un fourreau. On lit dans la marge inférieure :

« Barbaroxa. Pintura de Velazquez del tamaño en el real palacio de Madrid, Dibº y grabº por F. Goya pintor. »

Eau-forte mêlée d'aqua-tinte. — Dim. : haut., 262 mill. ; larg.,
140 mill.

1er état, à l'eau-forte pure et avant toute inscription. — Deux
épreuves existent dans la collection Carderera, l'une d'elles
offre, au verso, un essai en sanguine de la pièce nº 242.

2e état, avant l'inscription ; les parties sombres du vêtement,
les fonds et les terrains ont reçu l'aqua-tinte. — Épreuve collection Carderera.

3e état, avec l'inscription.

Les épreuves modernes tirées par la Chalcographie de Madrid qui possède ce cuivre, sont obtenues sur papier vélin très-
blanc.

1. L'attribution du tableau d'après lequel Goya grava son eau-forte a été
un moment l'objet, de la part de l'administration du musée de Madrid,
d'une modification que nous croyons intéressant de signaler ; cette attribution a été retirée à Velazquez, puis reportée, mais sous forme dubitative,
à Alonzo Cano, et, finalement, restituée à Velazquez (nº 1093 du catalogue
du Musée). D'après le nouveau catalogue le personnage représenté s'appellerait *Pernia*, bouffon du roi Philippe IV.

242. *Un vieux gentilhomme* [1], debout, la main droite appuyée sur une canne, la gauche sur la garde de son épée ; à terre, des armes, une grenade et un mousquet.

Eau-forte. — Dim. : haut., 255 mill. ; larg., 144 mill.

De cette pièce, très-rare, nous ne connaissons que trois épreuves : deux dans la collection Carderera, l'une tirée en noir, et l'autre en sanguine au verso d'une épreuve de *Barberousse* ; la troisième, tirée également en sanguine, est au Cabinet des estampes du British Museum.

243. *Un vieil alcade* [2], debout, en manteau court, le col entouré d'une large fraise, il porte son chapeau d'une main et de l'autre une liasse de papiers. La longue canne ou *vara* qu'il retient de son bras gauche nous fait croire que le personnage représenté est celui que Cean Bermudez appelle, à tort, l'alcade Ronquillo.

Eau-forte. — Dim. : haut., 250 mill. ; larg., 112 mill.

De cette rarissime pièce, nous ne connaissons d'autre épreuve que celle qui fait partie de la collection Carderera.

244. *Un nain assis* [3] les poings sur les cuisses. — On lit dans la marge du bas :

« Sacada y gradaba del quadro original de D. Diego Velazquez en que représenta al vivo un enano, del S. Felipe IV, por D. « Francisco Goya pintor. Eciste en el palacio de Madrid, año « de 1778. »

Eau-forte. — Dim. : haut., 208 mill. ; larg., 148 mill.

1er état, avant toute inscription. — Épreuve collection Carderera.

2e état, avec les noms d'artistes très-légèrement gravés à la pointe dans la marge inférieure et disposés ainsi : à gauche, Diego Velazquez, et à sa droite, F. G. — Épreuve collection Carderera.

3e état, avec l'inscription suivante, gravée sur trois lignes dans la marge inférieure :

1. N° 1094 du catalogue du Musée de Madrid. Le personnage réprésenté était un bouffon de cour nommé *D. Juan de Austria*.

2. L'attribution de ce tableau a été enlevée à Velazquez par le nouveau catalogue du Musée de Madrid et reportée à Carreño de Miranda (N° 692). Le personnage représenté était un bouffon de cour appelé *Francisco* Bazan.

3. N° 1096 du nouveau catalogue du Musée de Madrid qui donne à ce nain le nom de *Sébastian de Morra*.

« Pintura D. D. Diego Velazquez que representa à un enano y
esta en el palacio R. D. M. grabada p�r D. Francisco Goya pintor
à 1778. »

Entre les deux dernières lignes on voit encore très-nettement
les noms d'artistes tracés à la pointe. — Épreuve dans notre
collection.

4�ᵉ état, avec l'inscription actuelle.

245. *Un nain assis* [1], feuilletant un volume ; il est coiffé d'un feutre
aux larges ailes légèrement incliné sur l'oreille gauche. A terre,
des livres, un encrier. Dans la marge du bas est gravée l'inscription suivante :

« Sacada y grabada del quadro original de D. Diego Velazquez
« en que representa al vivo en unano del S. Phelipe IV por D.
« Francisco Goya, pintor. Existe en el R. palacio de Madrid. Año
de 1778. »

Eau-forte. — Dim. : haut., 215 mill.; larg., 154 mill

1ᵉʳ état, avant toute inscription (une épreuve de cet état figurait au catalogue de la vente H. de la Salle (1856).

2ᵉ état, avec l'inscription actuelle.

Il peut exister de cette pièce des épreuves d'essai offrant les mêmes différences que celles que nous avons signalées pour la
précédente planche, sous les dénominations des 2ᵉ et 3ᵉ états ;
mais ces épreuves ont jusqu'ici échappé à nos recherches.

La Chalcographie de Madrid possède encore les cuivres des
deux nains. Les tirages postérieurs à ceux du maître sont obtenus sur papier vélin très-blanc.

Cean Bermudez, dans son *Dictionnaire historique*, article *Velazquez*, indique les tableaux suivants comme ayant tous été
gravés à l'eau-forte par Goya: *Les Menines; les cinq grands portraits équestres de Philippe III et de sa femme, de Philippe IV et de
sa femme et du comte-duc d'Olivarés; deux portraits de bouffons; le
personnage appelé Barberousse; le portrait équestre du jeune prince
D. Baltazar Carlos; l'infant D. Fernando, en pied, un fusil à la
main; Ésope et Ménippe; Bacchus couronnant des ivrognes; un Vieillard portant une collerette à l'antique, appelé l'alcade Ronquillo,
deux nains, et enfin le Vendeur d'eau à Séville.*

---

1. N° 1095 du catalogue. Le nain s'appelait : *el Primo.*

Cean ne cite pas le portrait du *Vieux gentilhomme*, que nous décrivons sous le n° 242 des petites pièces gravées d'après Velazquez ; en revanche, il semble affirmer l'existence de trois eaux-fortes qui seraient jusqu'à présent demeurées inconnues ; les deux premières d'après des portraits de *Bouffons* et la troisième d'après le *Vendeur d'eau à Séville*. Si tant est que Goya ait exécuté ces trois pièces, il en aurait donc, comme pour l'épreuve décrite sous le n° 243, brisé les cuivres après en avoir tiré une ou deux épreuves au plus ? Encore faudrait-il, dans cette hypothèse, admettre que ces épreuves ont totalement disparu ; or n'ayant rien rencontré jusqu'ici, ni à Madrid, ni ailleurs, qui nous permette de regarder comme justifiée l'assertion de Cean Bermudez, nous doutons que ces trois tableaux aient été gravés par Goya.

L'auteur du *Diccionario historico* possédait la suite des dessins, tant gravés qu'inédits, que Goya avait préparés en vue de ses eaux-fortes, et cette circonstance peut n'être pas étrangère à l'erreur que nous le soupçonnons d'avoir commise : il aurait, à notre compte, établi son catalogue, non d'après les eaux-fortes mêmes, mais d'après les dessins préparés par Goya.

PIÈCES DÉTACHÉES.

Nᵒˢ 246 à 262.

246. *Le supplicié par le garrot.* — Ce n'est déjà plus qu'un cadavre, dont les mains liées pressent convulsivement un crucifix; la tête, congestionnée par la pression du collier de fer, montre des traits violemment contractés; les pieds nus dépassent la robe des suppliciés dont il est vêtu. Près de lui, sur l'échafaud, brûle un cierge.

Eau-forte. — Dim. : haut., 325 mill.; larg., 210 mill.

Cette pièce [1], une des plus belles de l'œuvre, a eu trois tirages différents. Le plus ancien et le plus beau, celui de Goya, est sur papier non collé, très-épais, dont on voit parfaitement les pontuseaux; le second, opéré par la Chalcographie de Madrid, est sur papier vélin moderne, avec le fond de la planche légèrement teinté en jaune; le troisième et le plus récent, sorti également

---

1. Dans le numéro du 1ᵉʳ septembre 1863 de la *Gazette des Beaux-Arts*, M. Ph. Burty a signalé des fac-simile du *Supplicié* obtenus à l'aide d'un procédé qu'il ne désigne pas. On les reconnaît en observant que l'encre ne forme pas épaisseur sur les tailles comme dans les épreuves originales. Nous ajouterons que ce curieux fac-simile, dont nous devons communication à l'obligeance de M. Burty, ne reproduit point divers traits presque verticaux, très-apparents dans les anciennes épreuves, sur les vêtements, et deux grandes rayures presque parallèles qui coupent, un peu de biais, les ombres de la partie droite de la planche; un petit trait échappé au-dessous du petit doigt et qui le coupe presque verticalement, n'apparaît pas dans le fac-simile. L'exemplaire que nous avons comparé ne reproduit pas non plus les traits qui figurent l'angle de l'échafaud et l'épaisseur du plancher, omission qui pourrait fort bien ne pas exister dans d'autres épreuves. Ces fac-simile doivent avoir été obtenus à l'aide d'un report photographique sur pierre ou sur zinc.

des presses de la Chalcographie, qui possède le cuivre, est obtenu sur papier vélin très-blanc.

247. *L'aveugle enlevé sur les cornes d'un taureau.* — Un taureau échappé a enlevé sur ses cornes un aveugle qui marchait en pinçant de la guitare. Croyant n'avoir affaire qu'à quelque passant charitable qui l'a soulevé pour lui sauver un mauvais pas, l'aveugle se confond en remerciements : Dios se lo pague à V^d ? (Dieu vous le rende !), a écrit Goya sur l'épreuve de la collection Carderera.

Eau-forte. — Dim. : haut., 138 mill. ; larg., 180 mill.

Les épreuves anciennes de cette charmante petite pièce, gravée d'une pointe aussi légère que spirituelle, sont extrêmement rares. Le cuivre, retrouvé par nous à Madrid, a servi à la *Gazette des Beaux-Arts* à obtenir le tirage qui figure dans ce recueil.

248. *Une scène populaire.* — Un groupe d'hommes et de femmes, en costumes nationaux, entourent un homme qui chante en s'accompagnant de la guitare ; à gauche, un paysan conduisant un attelage de bœufs ; à droite, des marchands de melons ; au fond, un château.

Eau-forte. — Dimensions prises aux témoins du cuivre : haut., 395 mill. ; larg., 570 mill.

Cette pièce, signée à gauche en gros caractères : GOYA, est la plus importante, comme dimension, de l'œuvre du maître ; elle est assez rare. Le British Museum en possède une épreuve, D. V. Carderera une autre et M. Ch. Davillier une troisième.

On ne sait ce qu'est devenue la planche.

249. *Le Colosse.* — Un homme nu, un géant, est assis sur le penchant d'une colline dominant un immense paysage ; vu presque de dos, le colosse, dont les bras s'appuient sur ses genoux, retourne en avant sa tête barbue. Sur un ciel obscur brille un mince croissant de lune. Aux pieds du géant, dans un profond éloignement, on distingue des villes, des rivières.

Dim. : haut., 287 mill. ; larg., 208 mill.

Cette pièce, l'une des plus extraordinaires de l'œuvre de Goya, est justement qualifiée par D. V. Carderera (*Gazette des Beaux-Arts*, septembre 1863) « de véritable tour de force, autant par « la fécondité de l'imagination que par l'audace du procédé : « Goya commença par noircir son cuivre avec de l'acide nitri-

« que ; puis, une fois attaqué, il fit, plan par plan, sortir le
« dessin qu'il méditait en retirant les lumières, puis les demi-
« teintes. »

Nous n'en connaissons que deux épreuves : l'une appartient à
M. Carderera, qui le premier l'a décrite ; l'autre, acquise du petit-fils de l'artiste, et qui a fait partie de notre collection, appartient aujourd'hui au Cabinet des estampes. Au dos de cette dernière est écrit au crayon : Por Goya, despues de tiradas 3 preubas
se rompió la lamina. (De Goya, le cuivre s'est brisé après le tirage de la 3ᵉ épreuve.)

250. *L'homme se balançant.* — Un homme en guenilles se balance ;
sur le fond on distingue vaguement une vieille femme qui parait
se livrer au même exercice.

Eau-forte. — Dimensions prises aux témoins du cuivre : haut.,
186 mill. ; larg., 120 mill.

L'eau-forte a fait tache au bas de cette pièce.

251. *La vieille se balançant.* — Une vieille, quelque sorcière au
visage grimaçant, se balance au milieu des broussailles. Du haut
d'un arbre, un chat la contemple gravement.

Eau-forte.

Dimensions prises aux témoins du cuivre : haut., 186 mill. ;
larg., 120 mill.

252. *Un vieux torero.* — Il cache un trabuco sous son manteau. —
Au second plan, un taureau couché.

Eau-forte. — Dimensions prises aux témoins du cuivre : haut.,
189 mill. ; larg., 120 mill.

253. *Une Maja* en mantille, les poings fièrement campés sur les
hanches. Le fond de la pièce est blanc.

Eau-forte. — Dimensions prises aux témoins du cuivre : haut.,
188 mill. ; larg., 123 mill.

254. *Une Maja* en mantille, les poings sur les hanches ; sur le
fond de la pièce, très-obscurci, on entrevoit quelques figures
grimaçantes.

Eau-forte. — Dimensions prises aux témoins du cuivre : haut.,
188 mill. ; larg., 123 mill.

Nota. — Les cinq planches décrites sous les nᵒˢ 250 à 254, et
dont on ne connaît pas d'épreuves contemporaines du maître,
sont aujourd'hui la propriété d'un amateur anglais, M. Lumley,

qui en fit tirer sur papier fort, vers 1859, une suite comprenant
en outre deux pièces que nous décrivons sous les n°ˢ 256 et 257.
M. Carderera pense que les n°ˢ 252, 253 et 254 datent de la vieillesse de Goya; en effet, les proportions des figures ne sont pas
heureuses, et le dessin en est très-lourd. Cette observation doit
également être étendue aux n°ˢ 250, 251 et 255, gravés pourtant
d'une pointe un peu moins grossière, mais que l'artiste a trop
fait mordre. Le Cabinet des estampes possède des épreuves de
toutes ces petites pièces.

255. *Un aveugle chantant.* — Il est assis, la tête couverte d'un chapeau à larges bords, et accompagne ses chants en pinçant de la
guitare. Le fond de la pièce est peuplé de figures grotesques.

Eau-forte, avec quelques légères parties aqua-tintées. — Dim. :
haut., 165 mill. ; larg., 105 mill.

Nous ne connaissons de cette planche aucune épreuve contemporaine de l'artiste.

LES PRISONNIERS.

Les planches n°ˢ 256 et 257 de cette suite de trois pièces, non
numérotées, appartiennent à un amateur anglais, M. Lumley,
qui en a fait tirer quelques épreuves en 1859. Le cuivre du
n° 258, dont Goya ne tira qu'une seule épreuve, a fait partie de
notre collection et il a servi à la *Gazette des Beaux-Arts* à obtenir le tirage qu'on trouve dans ce recueil.

256. *Un premier prisonnier,* les mains fortement liées derrière le
dos, les pieds retenus par de lourds ceps, le corps ployé en deux
par la souffrance, plus qu'à demi nu sous ses haillons, est attaché près d'une grille ou herse fermant l'entrée de son cachot.
Il est incliné de gauche à droite, la tête projetée de face.

Eau-forte. — Dim. : haut., 105 mill. ; larg., 76 mill.

La marge de l'épreuve que Goya avait tirée pour Cean Bermudez, aujourd'hui dans la collection de M. Carderera, porte, tracée
au crayon, la légende suivante :

« La seguridad de un reo no exige tormento. (On peut s'as-
« surer d'un prisonnier sans qu'il soit besoin de lui imposer des
« tortures.) »

257. *Un deuxième prisonnier*, tourné vers la gauche, les bras liés
au corps, le dos courbé et les pieds fixés au sol par des entraves,
porte au col un carcan qu'une pesante chaîne relie à la mu-
raille ; au fond, la porte cintrée du cachot.

Eau-forte. — Dim. : haut., 109 mill. ; larg., 74 mill.

« Si es delinquente que muera prestò ? (Que ne l'exécute-t-on
tout de suite s'il est coupable ?) » Telle est l'épigraphe que Goya
écrivit sur l'épreuve de Cean Bermudez.

A propos de cette épreuve, aujourd'hui dans la collection Carderera, notons en passant qu'elle est avant nombre de travaux
sur les parties sombres des vêtements, sur les jambes du prisonnier, ainsi que sur les fonds, qui ont été vigoureusement repris dans les épreuves postérieures : c'est donc bien là un 1er état
dont les épreuves du tirage Lumley nous offrent le second.

258. *Un troisième prisonnier*. — Il est assis, presque de face, les mains
croisées et retenues par une lourde chaîne qui traverse le cachot ; ses pieds sont pris dans de massives entraves ; sa tête re-
tombe accablée sur l'épaule gauche. Pour vêtements, des guenilles.

Eau-forte. — Dim. ; haut., 98 mill. ; larg., 74 mill.

L'épreuve de la collection Carderera, provenant, comme les
précédentes, de Cean Bermudez, est très-probablement unique.

Elle est avant nombre de travaux et retouchée légèrement au
pinceau par l'artiste dans les parties qu'il devait ensuite reprendre sur son cuivre ; ces reprises, le cuivre les indique en effet,
et les épreuves qu'il a données dans le tirage de la *Gazette des
Beaux-Arts* constituent par conséquent un 2e état.

Goya a écrit au bas de son épreuve :

« Tan barbara la seguridad como el delito. (De telles mesures
« de sûreté le disputent en barbarie au crime même.) »

Ces trois curieuses pièces, véritables plaidoyers contre la tor-
ture et contre ces raffinements de supplices encore en pratique au
temps de notre artiste, doivent être comptées parmi les plus belles
et les plus parfaites de l'œuvre [1]. D'un dessin irréprochable, d'une

1. Tout ce côté philosophique du génie de Goya, qui méritait cependant
une étude plus approfondie, a été à peine indiqué par ses biographes. Pourtant l'homme qui gravait ces trois planches et vingt autres qui respirent
la cause de l'humanité, du droit, du bon sens, et dont presque tout l'œu-

exécution serrée, très-ferme et très-fine à la fois, elles sont comparables, pour la magie de l'effet, aux belles pièces de Rembrandt. Ces trois pièces suffiraient à classer Goya parmi les plus grands aqua-fortistes.

LES PAYSAGES FANTASTIQUES.

Suite de deux pièces, non numérotées, et que nous réunissons sous un même titre, en raison de l'analogie des sujets traités.

259. *Paysage*. — Au premier plan, deux arbres entre-croisent leur feuillage ; plus loin s'élève un grand rocher dont la crête surplombe vers la gauche ; tout au fond, sur une hauteur, un vaste édifice. Une plaine, que baigne une rivière, occupe la partie gauche de l'estampe ; l'horizon semble fermé par de petites montagnes. Un gros nuage, exprimé à l'aqua-tinte, remplit le ciel. Quelques petites figures sont posées au second plan.

Eau-forte largement mêlée d'aqua-tinte. — Dim. : haut., 148 mill. ; larg., 263 mill.

260. *Paysage*. — Un immense rocher, qu'un pont de bois relie presque à sa base à la partie gauche de l'estampe, surplombe vers une rivière qui tombe en une large cascade, occupant toute la partie droite. A l'horizon se dressent quelques arbres et les murailles d'une ville. Toute la pièce est colorée d'aqua-tinte, à l'exception de la partie haute de la rivière et de l'écume des eaux.

Eau-forte, mêlée d'aqua-tinte. — Dim. : haut., 145 mill. ; larg., 263 mill.

Ces deux curieuses pièces, largement traitées et d'une grande magie d'effet, sont malheureusement très-rares. Les quelques épreuves que nous avons rencontrées étant toutes d'un tirage contemporain du maître, nous en concluons que les cuivres doivent être depuis longtemps disparus ou détruits.

---

vre, enfin, raille impitoyablement les monstrueux abus du régime politique et religieux qui pesait lourdement sur son pays, n'est plus seulement un artiste de génie, il est encore un novateur hardi, un grand et généreux penseur.

MM. Piot (*Cabinet de l'Amateur*, 1842) et Matheron (*Goya*, catalogue) citent encore les deux pièces suivantes, que nous n'avons jamais vues, et dont nous ne pouvons fournir ni la description ni les dimensions, que ces auteurs ont omis de donner dans leurs essais de catalogue :

261. *Une grande scène d'Inquisition.*

262. *Une mascarade.*

DEUXIÈME PARTIE

LITHOGRAPHIES

Nᵒˢ 263 à 278.

L'œuvre lithographié de Goya a deux patries : Madrid et Bordeaux, et date de deux époques : 1819 et 1825

Lorsqu'il s'essayait dans cet art, encore dans ses langes, Goya comptait déjà soixante-treize ans, et il en avait quatre-vingts, lorsqu'il exécuta ces quatre merveilleuses pièces que nous appelons les *Taureaux de Bordeaux*.

On a rapproché, non sans raison, les lithographies de Goya de celles d'Eugène Delacroix ; certes, le grand artiste français avait justement le tempérament qu'il fallait pour goûter et s'assimiler le talent du vieux maître espagnol, original toujours et en tout, jusque dans la pratique d'un art qui en était encore à ses débuts.

Il est constant que Delacroix étudia passionnément les belles lithographies de Goya, et le rapprochement que l'on a fait entre les illustrations du *Faust* et les *Taureaux de Bordeaux* peut, au besoin, être corroboré par des dates : les quatre grandes pièces de Goya n'ont-elles pas, en effet, été éditées à Bordeaux en 1825, et l'on sait que le *Faust* ne fut publié qu'en 1828. Or, Delacroix connut probablement dès leur apparition ces productions lithographiques, dont quelques épreuves, inscrites sous les nᵒˢ 827, 828, 829 et 830, se trouvaient au catalogue de sa vente. Cette parenté qu'on

relève dans le talent des deux artistes n'a donc rien de for-
tuit ; l'influence qu'exerça Goya sur Delacroix n'est pas d'ailleurs bornée à des lithographies. Et, par parenthèse, qu'il
nous soit permis de signaler aux critiques qu'il y a dans le
talent de notre compatriote un peu plus de l'École espagnole
que l'on n'en soupçonne généralement, et que Velazquez,
Le Greco et Goya ont, entre autres, puissamment marqué leur
empreinte dans la période des travaux de Delacroix qui suit
immédiatement le voyage au Maroc (1832).

Mais c'est assez nous écarter de notre sujet. Ce qu'il nous
importait de constater, c'est que Delacroix a étudié et aimé
Goya, et nous ne pouvions point ne pas relever que le maître
aragonais comptait parmi ses admirateurs et ses initiés une
autorité de cette valeur.

Les lithographies que Goya exécuta à Madrid sont demeurées presque inconnues ; tirées, en général, à très-petit
nombre, elles n'étaient, à vrai dire, que des essais que l'artiste conservait dans ses cartons. Nous pouvons donc affirmer, à constater aujourd'hui leur extrême rareté, que ces
essais ne durent jamais être très-répandus du vivant même
du peintre.

Quelque multipliées qu'aient été nos recherches, notre catalogue laissera sans doute subsister ici plus d'une lacune.
Éparpillé presque immédiatement après sa mort, l'œuvre de
Goya est aujourd'hui un peu partout : en Allemagne, en Angleterre et en France aussi bien qu'en Espagne.

Les lithographies exécutées à Bordeaux sont mieux connues des artistes et des curieux, les *Taureaux* surtout.
Et, puisque nous citons ces belles pièces, notons en passant un détail qui ne saurait être indifférent aux amateurs :
c'est que le tirage n'en fut fait qu'à 300 exemplaires seulement.

La *Danse espagnole*, morceau plein d'esprit et de couleur,
dont l'exécution rappelle les *Taureaux*, doit dater, comme
ceux-ci, de 1825. Le *Portrait de M. Gaulon*, l'imprimeur de

ces lithographies, et le *Coup d'épée* [1], pièces rarissimes, ont un caractère de lourdeur que l'extrême vieillesse de l'artiste ne justifie que trop : elles sont sans doute des années 1826-1827, et Goya avait alors quatre-vingt-deux ans !

PIÈCES LITHOGRAPHIQUES.

263. *Vieille femme filant sa quenouille, assise sur un banc.* — A la gauche et au-dessous de cette pièce : Madrid, febrero 1819 ; et vers le milieu de la marge : Goya.

Dim. : environ 210 mill. haut., et 140 mill. larg. — Lithographie exécutée au moyen du pinceau mouillé d'encre et tirée sur papier de couleur.

Des épreuves de cette pièce existent à Madrid dans la collection Carderera, et à Londres au Cabinet des estampes du British Museum.

264. *Le Duel.* — Deux personnages, en costume du temps de Philippe IV, se battent à l'épée et à la dague.

Pièce datée : Madrid, marzo 1819, et signée : Goya.

Dim. : environ 220 mill. haut., et 230 mill. larg. — Exécutée à la plume de roseau.

Des épreuves dans la collection Carderera et dans la nôtre [2].

265. *Le taureau assailli par les chiens.* — Cinq chiens luttent contre un taureau ; un sixième est lancé en l'air. Deux toreros regardent ce combat.

Pièce sans signature ni date ; extrêmement rare.

Dim. : environ 270 mill. larg., et 170 mill. haut. — Très-finement exécutée au crayon.

Une épreuve dans la collection Carderera.

---

1. Quelques-unes de ces pièces figuraient avec les *Taureaux* à la vente Delacroix, et voici les prix qu'elles atteignirent : Deux planches des *Taureaux* (nos 839 et 830 du catalogue) 35 francs. — Un portrait d'homme, M. Gaulon (n° 827 du catalogue), 35 francs. — La *Danse espagnole* (n° 828 du catalogue), 23 francs.

2. Un fac-similé de cette pièce, obtenu par le procédé Pilinski, a été publié dans la *Gazette des Beaux-Arts*.

266. *Le soudard.* — Un soudard de figure énergique, assis à terre, cherche à retenir dans ses bras une femme qui se défend.

Pièce sans signature ni date.

Dim. : environ 180 mill. larg., et 120 mill. haut. — Exécutée au pinceau mouillé d'encre.

Une épreuve, probablement unique, dans la collection Carderera.

267. *La lecture.* — Une jeune femme assise fait la lecture à deux enfants ; au premier plan, dans l'ombre, on aperçoit un autre personnage.

Sans signature ni date.

Dim. : larg., 130 mill. ; haut., 120 mill. — Exécutée au crayon et au pinceau lithographiques, les ombres adoucies par un léger travail de grattoir.

Épreuves dans les collections Carderera, Ph. Burty, Madrazo et dans la nôtre.

268. *Scène de diablerie.* — Un homme nu, les bras liés derrière le dos est entraîné par des démons ; tout le fond de la pièce est rempli de diables, de spectres et d'animaux à têtes fantastiques.

Sans signature ni date.

Dim. environ : larg., 240 mill. ; haut., 120 mill.

L'épreuve, très-certainement unique, de ce curieux essai, existe dans la collection D. V. Carderera, qui, dans son article sur Goya (*Gazette des Beaux-Arts*, 1863), en décrit l'exécution en ces termes : « La figure est d'un dessin savant, les raccourcis sont irréprochables. Le procédé est très-bizarre ; des ombres ont été dessinées avec un gros pinceau, et les demi-teintes, ainsi que les chairs, ont été obtenues par un frottis très-gras. »

269. *Un homme du peuple*, coiffé d'un bonnet catalan, s'efforce brutalement de renverser une jeune femme assise, vue de dos, qu'il a saisie par une épaule et dont il retient le bras gauche, élevé en l'air.

Sans signature ni date.

Dim. : larg., environ 150 mill. ; haut., 130 mill. — Exécutée au crayon ; les ombres au pinceau lithographique.

Une épreuve de ce rare essai dans la collection de M. F. de Madrazo, ancien directeur du Musée de Madrid.

270. *Un moine.* — Il est debout et sa main droite tient un crucifix :

son visage disparait presque entièrement sous l'ombre portée
par le capuchon.

Sans signature ni date.

Dim. : larg., environ 90 mill. ; haut., 130 mill. — Même procédé d'exécution que pour la pièce n° 268.

Épreuve dans la collection F. de Madrazo.

271. *Le sommeil.* — Une belle jeune fille est endormie, le haut du
corps portant sur les genoux d'une femme âgée et les jambes al-
longées à terre. Vers la droite, trois femmes s'approchent de ce
groupe. Dans le fond, une vieille est assise, sa mantille rabattue par-dessus la tête.

Sans signature ni date.

Dim. : larg., 160 mill; haut., 149 mill. — Très-finement exécutée au crayon lithographique. Dessin superbe.

Une épreuve dans la collection Madrazo.

Tous les essais lithographiques décrits sous les numéros qui
précèdent ont été exécutés à Madrid.

LES TAUREAUX DE BORDEAUX.

Suite de quatre pièces, en largeur, lithographiées à Bordeaux
en 1825, et tirées seulement à 300 exemplaires.

272. *El famoso Americano Mariano Ceballos.* (Le fameux Américain
Mariano Ceballos.) — Tel est le titre, en espagnol, de cette pièce,
qui représente, comme le n° 106 de l'œuvre gravé, le célèbre
torero Ceballos montant un taureau et assaillant un taureau
de place, une courte lance à la main.

Dim. : larg., 405 mill. ; haut., 312 mill. — Signée : Goya,
dans le terrain de gauche. En outre du titre lithographié rapporté plus haut, cette pièce porte encore les indications suivantes : Déposé, et lith. de Gaulon.

273. *Le Picador enlevé sur les cornes d'un taureau.* — Un taureau vient
de saisir sur ses cornes un picador, dont le cheval est renversé
à droite; un second picador, à cheval, et deux toreros, à pied,
veulent faire lâcher prise au furieux animal qu'ils attaquent à
l'envi et qui se dresse presque debout, rendu plus furieux encore
par les atteintes des longues piques de ses assaillants.

Dim. : larg., 410 mill. ; haut., 310 millim. — Signée Goya
dans le terrain de gauche.

Cette pièce est sans titre et sans mention d'imprimeur.

274. *Diversion de Espana*. (Amusement de l'Espagne). — Tel est le
titre lithographié de cette pièce qui représente une course de
Novillos. De jeunes taureaux conduits par de vieux bœufs, des
abestros, ont été lâchés au milieu de l'arène rempliede spectateurs amateurs, dont les uns se livrent au passe-temps, toujours
si cher au peuple espagnol, de *caper* ces taureaux, tandis que
d'autres s'enfuient ou gisent renversés à terre.

1er état. — Dim. : larg., 415 mill.; haut., 303 mill. — Signée
Goya dans le terrain de gauche. — **En outre** du titre, en espa-
gnol, rapporté **plus haut, on lit** dans la marge du bas les mots :
Déposé. et lith. de Gaulon.

2e état. — Un accident ayant probablement atteint la partie
droite de la lithographie, la pierre a été coupée immédiatement
après les mots : Lith. de Gaulon, et ne porte plus que 370 mill.
en larg., supprimant ou coupant une partie des personnages
qui se voyaient à droite dans l'état antérieur.

Une épreuve de ce 2e état, que nous croyons fort rare, existe
dans la collection de M. Burty, qui l'a décrite dans la *Gazette des
Beaux-Arts* (numéro du 1er septembre 1849).

275. *La division de place*. — L'arène a été coupée en deux parties par
une cloison de madriers. Dans la partie de gauche, un chulo pose
des banderilles au taureau ; dans la division de droite, un torero
frappe d'un autre coup d'épée un taureau, vigoureusement lancé
en avant.

Dim. : larg., 414 mill; haut., 305 mill. — Signée Goya dans
le terrain au pied de la barrière.

Cette pièce est sans titre et sans mention d'imprimeur [1].

---

1. Les détails que donne M. Matheron sur les procédés qu'employa l'artiste
dans l'exécution de ces quatre grandes pièces sont trop intéressants pour
qu'il ne nous soit pas permis de les lui emprunter : « Goya exécutait ses
« lithographies sur son chevalet, la pierre posée comme une toile. — Il
« maniait ses crayons comme des pinceaux, sans jamais les tailler. — Il res-
« tait debout, s'éloignant ou se rapprochant à chaque minute pour juger ses
« effets. — Il couvrait d'habitude toute la pierre d'une teinte grise, uni-
« forme, et enlevait ensuite au grattoir les parties à éclairer : ici, une tête,

276. *La danse espagnole* [1]. — Un groupe d'hommes et de femmes entoure et applaudit une *maja* dansant le *vito* : l'un des spectateurs chante en s'accompagnant de la guitare ; un autre frappe un tambour de basque qu'il élève au-dessus de sa tête.

Dim. environ : larg., 190 mill. ; haut., 185 mill. — Signée Goya vers le milieu du bas. Cette pièce a été exécutée à Bordeaux en 1825. Elle est rare.

Épreuves dans la collection Carderera et dans la nôtre.

277. *Le coup d'épée.* — Un duel. L'un des combattants traverse d'un coup d'épée la poitrine de son adversaire. Deux témoins les assistent.

Dim., environ : larg., 220 mill. ; haut., 210 mill. — Signée Goya vers la gauche. Pièce exécutée à Bordeaux vers 1826. Elle est rare.

Une épreuve dans la collection Carderera.

278. *Portrait de M. Gaulon.* — M. Gaulon est l'imprimeur lithographe des quatre grandes scènes de taureaux exécutées par l'artiste à Bordeaux. Goya l'a représenté en buste, la tête nue et vu de trois quarts.

Dim. : haut., 270 mill. ; larg., 210 mill. — Signé Goya dans l'angle inférieur de gauche. Sans titre et sans nom d'imprimeur.

Une épreuve de ce portrait, assez difficile à rencontrer, figurait à la vente E. Delacroix sous le n° 827 du catalogue.

« une figure ; là, un cheval, un taureau. Le crayon revenait ensuite pour
« renforcer les ombres, les vigueurs, ou pour indiquer les figures et leur
« donner le mouvement. Il fit ainsi sortir une fois de la teinte noire du
« fond, à la pointe du rasoir, et sans aucune retouche, un curieux portrait.
« (Portrait de M. Gaulon, n° 278.) On rirait peut-être si je disais que les li-
« thographies de Goya ont toutes été exécutées à la loupe. — Ce n'était
« pas en effet pour faire fin ; mais ses yeux s'en allaient. »

1. M. Matheron, dans une note de sa biographie de Goya, donne le titre : les *Bohémiens* à une pièce lithographiée qu'il ne décrit pas. Nous croyons que cette pièce n'est autre que la *Danse espagnole.*

TABLE DES MATIÈRES

FIN DE LA TABLE DES MATIÈRES.

595-76. — CORBEIL. TYP. ET STER. DE CRETE.

9 782329 598345